ホットドッグの発想と組み立て

ソーセージづくり、
ホットドッグづくりの
基礎からアレンジ、
オリジナル創作まで

恩海洋平

誠文堂新光社

はじめに

10才の冬、母親に連れられて、はじめてニューヨークへ行った。街は映画のように雑然としていて、あちらこちらのマンホールから湯気が立ちのぼり、その合間をぬうかのように大きなパラソルを立てた屋台がいたるところに立っていた。母親がホットドッグを注文すると、売り子のお兄さんはトングを取り出して湯に浸かっているソーセージをつかみ、バンズにはさんだ。そして手際よく、ケチャップ、マスタード、ザワークラウトをトッピングした。少しパサパサのバンズにジューシーなソーセージは、今でも忘れられない。ホットドッグの原体験は？ と尋ねられれば、このニューヨークのホットドッグをあげるだろう。ホットドッグはストリートフードだ。ニューヨークだけでなく、アメリカ全土のストリートにホットドッグの屋台は立ち、朝から晩まで客足は絶えず、人々はおいしそうにかぶりつく。ストリートフードには、その国と地域のリアルな暮らしが反映されるが、ホットドッグはヨーロッパを中心にやってきた移民たちによってもたらされ、国民食と言われるまでに根づき、愛され続けている食べ物だ。まさに移民の国アメリカの象徴！ だからこそ、ホットドッグは奥深くておもしろい。

日本では昨今、ホットドッグに注目が集まり、以前のようにハンバーガーの傍らにひかえめにある存在でもなくなってきた。身近なところにホットドッグショップやスタンド、屋台があって、ホットドッグとコーヒーで朝を迎えたり、午後に向けての腹ごしらえをしたり、ひと息ついたりする光景がどこでも見られるようになってほしい。そんな未来のために、この本が何かしらの役に立てればこのうえない喜びだ。

恩海洋平

CONTENTS

PART 2 本場アメリカのホットドッグを食べつくせ

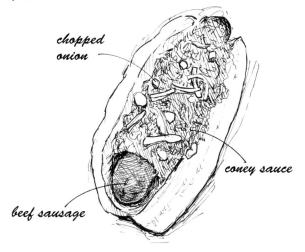

chopped onion

coney sauce

beef sausage

PART3 オリジナルドッグを考える

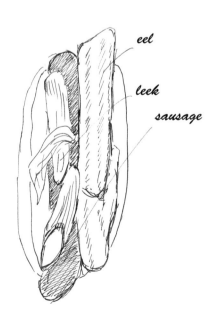

eel

leek

sausage

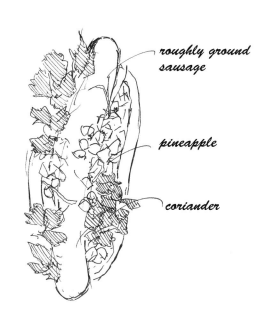

roughly ground sausage

pineapple

coriander

本書の使いかた

＊特に記載のない塩は塩化ナトリウムを98％ほど含有するもの、砂糖は
グラニュー糖、バターは有塩、卵はMサイズを使用しています。

＊オーブンは焼成温度と同じ温度に予熱しておきます。機種によって温度
と焼き時間に差が出るため、使用するオーブンにあわせて調整してくだ
さい。

＊トースターはパンをトーストする機能を使い、庫内を30秒ほどあたた
めてから使います。使用するトースターにあわせて調整してください。

＊ソーセージはレストランなどの業務用厨房でつくることを基本に考えて
いますが、家庭でもつくれるように紹介しています。

＊本書では市販品の調味料やソースも活用しています。レシピを掲載して
いないものは市販品を使っています。

＊スパイスは基本、パウダーまたはホールをパウダーにして使っています。

PART

1

ホットドッグとは？

ホットドッグの歴史から、ホットドッグを
構成するバンズやソーセージ、トッピングまで、
ホットドッグを広い視点で紹介しよう。
本書で紹介するホットドッグはもちろん、
オリジナルのホットドッグをつくる際にも
大いに役立つはずだ。

ホットドッグの歴史

ホットドッグをつくるにあたり、まずは歴史を紹介する。ストリートフードであるため文献にとぼしいこともあり、さまざまな説があることを踏まえながら見ていこう。

ソーセージあってこそのホットドッグ

ホットドッグは料理の分類上、詰め物料理にあてはまる。ホットドッグの主役であるソーセージが、肉を豚腸や羊腸に詰めてつくられることを考えれば、納得がいく。そのホットドッグの起源は、18世紀後半から19世紀にかけてヨーロッパからアメリカにやってきた移民たちの間で食べられていたドイツソーセージのいくつかにあるという。今でもアメリカで、フランクフルトやウィンナーという言葉が、ソーセージを意味するとともにホットドッグの同義語であるのも、このためだ。

ところで、ヨーロッパでソーセージはいつ頃から食べられていたのだろう。前述のように、肉を腸詰めしたのがソーセージであることから、この原型を歴史のなかで探していくと、およそ2万年前の後期旧石器時代にこうした加工肉が見つかるようだ。しかし、はっきり確認できるのは、およそ1万3000年から1万年前の中石器時代のこと。どうやらハギスのような加工肉らしい。ハギスは、羊の内臓に玉ねぎや麦などをスパイスと一緒に混ぜ、羊の胃袋に詰めたもので、今もスコットランドやイギリスを中心に親しまれている。以後、ソーセージは、世界各地で現在のような形に進化していったと思われるが、アメリカにソーセージをもたらした移民たちの故郷、ヨーロッパを見てみると、紀元前1000年頃には確かに存在していたようで、紀元前700年頃に古代ギリシャのホメロスが書いたとされる長編叙事詩『オデュッセイア』にはブラッドソーセージが登場して

いる。続く古代ローマには、美食家アピキウスの作とされるレシピ集に、ルカニカという燻製ソーセージが紹介されていることから、ギリシャからローマへと時代が移るにつれ、またローマ人が支配地域を拡大するにつれ、ソーセージはヨーロッパ中に広まっていったと考えられている。

中世になると、ソーセージは多くの文献に登場する。市場や祭りにはソーセージが欠かせなかった。農民は豚を育ててソーセージをつくり、塩漬けや燻製にして長期保存もしていた。繁栄していた都市では、脂肪分に富むソーセージが肉屋で売られ、店の名をとどろかせていたともいう。

中世から今に至るまで、ヨーロッパでは日常的にソーセージが食べられてきた。そんなヨーロッパの人々が、移り住んだ国アメリカでもソーセージをつくって広め、ホットドッグを発展させていったのは、ごく当然の流れだったことだろう。先のフランクフルトもウィンナーも、中世に誕生したと言われているが、フランクフルトは徐々に豚肉と牛肉を混ぜ、コリアンダーなどのスパイスや燻製の香りを加えたものとして知られるようになり、19世紀後半にはアメリカで牛肉100%のものもつくられるようになっていく。一方のウィンナーも、豚肉と牛肉、仔牛肉を混ぜてつくられていたものが、アメリカでは豚肉と仔牛肉、または豚肉と鶏肉を混ぜて軽く風味づけされたものになっていった。

ホットドッグの誕生

19世紀後半に大勢の人々がドイツから移住し、アメリカに本場のソーセージを伝えたと言われているが、先行する17世紀から18世紀には、現在のイギリスやアイルランドであるブリテン諸島からの移民がポークソーセージをもたらしている。そのほか、フランスのブラッドソーセージであるブーダンや、ポーランドやイタリアのソーセージも伝わり、アメリカのソーセージに影響を与えている。

南北戦争（1861〜65年）以前までは、ソーセージは個人の精肉店でつくられていたが、戦後になると産業化が進み、ソーセージは工場で大量生産されるようになった。精肉業界で機械化が起こり、豚や羊、牛など材料となる動物の解体から加工、製品の輸送まで、効率的に行う方法が確立された。肉をケーシングに詰めたあと成形し、加工や燻製を行う電動機械の登場は20世紀後半まで待たねばならなかったが、1868年には蒸気で動くミンサー（P25）が、1890年代には電力と蒸気を組みあわせたサイレントカッター（P26）が生み出され、短時間で大量の肉をひき肉にしたり、細かく切って乳化させたり、ほかの食材と混ぜあわせたりすることができるようになった。

ヨーロッパでソーセージは早くから路上で売られるストリートフードで、庶民の胃袋を満たしてきたが、アメリカに渡ったあとも、同様にストリートフードであった。労働者階級の人々が、仕事の合間に短時間で食べられておなかを満たせるソーセージは人気を集め、熱々のソーセージを客が求めていることに気づいたある屋台が熱々のソーセージをミルクパンにはさんで売るようになり、バンズにソーセージをはさんだものをホットドッグと呼ぶようになった。

20世紀初頭には、トッピングが登場しはじめる。レリッシュやチリソース（ミートソース）はギリシャやマケドニアなど地中海地方の国々、マスタードやキュウリのピクルスはドイツからというように、ギリシャ、マケドニア、ドイツ、ブルガリア、イタリア、メキシコからの移民たちによってそれぞれの国の料理や味をベースにしたトッピングが生まれた。そしてそれらは、彼らの多くがそれぞれ移住した地域のホットドッグに欠かせない、地域性を象徴するトッピングとなり、今に至っている。

同時に、屋台だけでなく店の形をしたスタンドが登場し、ホットドッグを売るようになったほか、レストランでも味わうことができるようになる。移民の食べ物であったホットドッグは、アメリカの人々に受け入れられ、それぞれの口にあうように少しずつ改良されながら浸透し、産業化の波にのって大きく発展する。労働者から大統領まで、貧富や年齢、男女の違いもなく、だれもが大好きな食べ物に成長していく。アメリカ全土に広がり、親しまれる頃には、国民食と呼ばれる地位を得るまでになっていた。

そういうわけでアメリカの人々にとってホットドッグは、ストリートフードであり、ファストフードであるが、生まれた地域に根づいたアイデンティティーの一角をなすものと言っても過言ではなく、ストリートフードやファストフードの域を超えた特別な食べ物なのだ。

ホットドッグの名前の裏には…

ホットドッグが、バンズにソーセージをはさんだものを意味するようになった経緯には、先に紹介した話とは別に諸説ある。1904年のセントルイス万国博覧会の会場に出店していたソーセージ屋が、熱々のソーセージを手で食べるために手袋を貸し出していたが、手袋を返す客が少なく、仕方なくロールパンにはさんでマスタードを塗って売り出したという話も、そのひとつだ。なかでも有名なのが、野球にまつわる話だろう。1901年4月、春だというのに寒さ厳しいある日、ニューヨークの野球場で凍えながら選手を応援する観客に、あたたかい食べ物を提供すれば飛ぶように売れるはずだという考えから、球場で店を構えるオーナーが従業員に、ドイツからの移民の間で人気のダックスフントみたいなソーセージとロールパン、マスタードを従業員に大量に買ってこさせ、ロールパンにソーセージをはさんでマスタードを添えて売り出した。売り子たちは、この食べ物をレッドホットと名づけ、「レッドホット、ダックスフントソーセージ」と叫んで売り、ねらいどおり売れに売れると、いつしか犬を意味するドッグと、当時の流行語のホットが組みあわされてホットドッグと呼ばれるようになった。この話自体にもいくつかバージョンがあり、いずれもアメリカらしいウィットの効いた話になっている。

ホットドッグのヒットとともにソーセージのこともホットドッグというようになるが、ここにもアメリカらしい皮肉たっぷりのウィットがある。かつてソーセージが個人の精肉店でつくられていた頃、肉が

どの動物の、どんな状態のものを使っているのかあやしい店が多かった。肉を細かく加工して腸に詰めてしまえば、どんな肉を使っていようがわからないからだ。まっとうな肉を使ったソーセージは、値が張ったことも手伝い、手頃なソーセージには犬を筆頭に、ネコやネズミといった動物の肉を使っているという噂がたった。人々の疑念が膨らむにつれて、犬の肉のソーセージというジョークが流行し、ホットドッグという言葉はどんどん人々の間に浸透していった。

1890年代半ばに、ある大学のユーモア雑誌で、ホットドッグという言葉が使われはじめると、一気に全国へ広まった。そしてソーセージへ加工される犬や、バンズにはさまれて食べられそうな犬、食べ物として食べられることを喜ぶ犬を描く風刺漫画がよく見かけられるようになり、犬はホットドッグを象徴する動物として、ホットドッグを売る屋台やスタンドのキャラクターに使われるようになった。今でもアメリカでは、犬を描いた看板を掲げるホットドッグショップは多い。

何はともあれ、ホットドッグが国民食と呼ばれるまでに人気を得たのは、バンズとソーセージ、たっぷりとのったトッピングがおいしく、買ってそのままかぶりつける食べやすさ、庶民の懐を痛めない安さがあってこそだ。

世界のホットドッグ

ホットドッグはアメリカのソウルフードというべきものだが、アメリカの文化と一緒に世界へ広まった。日本ではホットドッグというが、外来語として残している場合を除き、ホットドッグ輸入国の言葉に直訳的に置き換えられているようだ。たとえばスペインでは、熱い犬を意味するペリート・カリエンテ、カナダのフランス語圏でも同様の意味をもつシアン・ショという。気になるホットドッグ自体はというと、日本やアジア諸国、東ヨーロッパ、カナダの英語圏、イギリスやスペイン、オーストラリア、南アフリカのようにアメリカのスタンダードなホットドッグに少し各国の雰囲気を添えて楽しまれている国もあれば、ラテンアメリカの国々のように独自の食文化を反映させて発展している国もある。

ラテンアメリカでは、アメリカと国境を接するメキシコで、赤唐辛子や青唐辛子のサルサをトッピングするホットドッグが人気だ。グアテマラやベネズエラ、コロンビアでは、肉と魚、野菜をパイ生地のようなバンズで包んだエンパナーダの延長上にあるホットドッグが好まれ、ブラジルではソーセージ2本にエンドウ豆、コーン、ジャガイモ、オリーブなどのトッピングが大量にのった巨大なホットドッグが愛されている。

アメリカに本格的なソーセージをもたらしたドイツでは、バンズにソーセージをはさむのではなく、ソーセージ数種類を、スライスしたパン、マスタード、ケチャップソース、フレンチフライと一緒に食べたり、カレー風味のトマトソースをかけたポークソーセージをミルクパンとフレンチフライとともに味わうほうが一般的のようだ。デンマークでは、バンズからグンとはみ出た長いソーセージに、マスタードやケチャップ、マヨネーズからなるレムラードソースをかけたホットドッグがよく食べられている。スウェーデンでは、同様に長いソーセージを薄いピタパンのようなパンにくるむ。パンに特徴があるのは、フランスやイタリアも同じで、フランスではバゲットが、イタリアではチャバッタが使われる。

このように世界を見渡せば、さまざまなホットドッグがある。アメリカはもちろん、世界のホットドッグは、オリジナルドッグをつくる際の参考になる。海外を旅して、現地のホットドッグを見つけてみるのもおもしろいだろう。

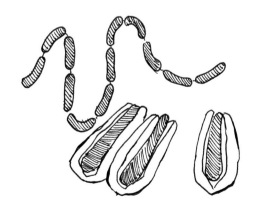

BASIC FORM
ホットドッグの基本形

ホットドッグと聞いて、どんなものを想像するだろう？ 思い描いたものすべてが正解だ！ ホットドッグには驚くほどのバリエーションがあり、これからだって新たなスタイルが生まれる可能性がある。ここでは基本形を紹介しておこう。

ソーセージ

ホットドッグの主役。世界を見渡すと、ポークソーセージを使うことが多いようだが、アメリカなどビーフソーセージのほうが主流の地域もある。ソーセージの種類としてはほかに、あらびき肉を使ったあらびきソーセージ、南ドイツに代表されるヴァイスブルスト風の燻製しない白ソーセージ、豚の血を混ぜてつくるブラッドソーセージなどがある。

トッピング

マスタードやザワークラウト、みじん切りの玉ねぎといった王道のトッピングから、つくり手の味覚とアイデアを反映した個性的なものまで、冷製と温製で無限に生み出されている。何をセレクトするかは、第一にソーセージとの相性が決め手になるだろう。また、ケチャップやマヨネーズのような調味料に分類されるものも、トッピングと言える。

ソース

ホットドッグにおいてソースは、トッピングの一種。シンプルに考えるとソーセージとバンズだけで十分ホットドッグとして成立するうえ、トッピングされて全体の仕上がりをアップさせるのがソースだからだ。

バンズ

日本ではコッペパンやコッペパン風のパンが使われることが多いが、世界では国や地域の文化を背景に、ケシの実のポピーシードがふりかけられたパンや、まるくて袋状になるピザパン、バゲットなど、種類や形状、サイズもさまざまにいろいろなバンズが用いられている。

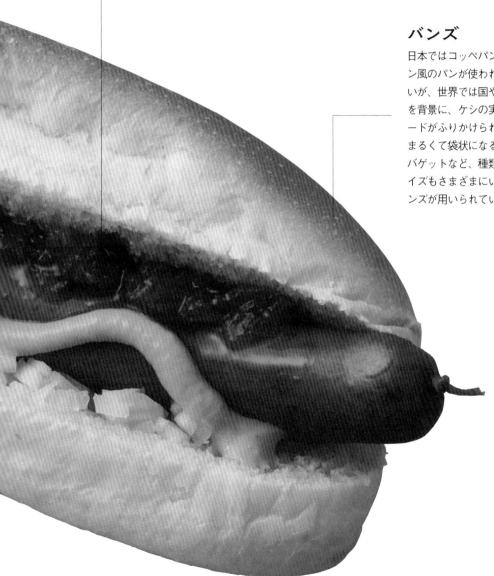

バンズのバリエーション

世界を見渡せば、ホットドッグの数だけバンズがある。ホットドッグの味やフォルムの要となるため、長さ、幅、厚さはもとより、使用する粉や焼き加減にまでこだわればキリがない。ここでは主なバンズをいくつか紹介しよう。

ホットドッグバンズ

本場アメリカをはじめ、スタンダードなバンズは、日本でいうコッペパンのようなもの。まるくて高さがあり、目がつまったクラム（内側）はやわらかくもっちりとしている。オールラウンドプレーヤーで、どんなホットドッグにもあう。側面から切り込みを入れてひらいて使うが、場合によっては、真上から真っ直ぐに切り込みを入れてひらくこともある。

ポピーシードバンズ

スタンダードタイプのバンズ（左）の表面に、ケシの実であるポピーシードがふりかけられている。ポピーシードはあんパンやベーグルにもよくトッピングされている。ナッツのような香ばしさがあり、つぶつぶした食感もアクセントになるため、クリームチーズや、トマトやレタスなどみずみずしい野菜、フルーツを使ったホットドッグに用いるのがおすすめだ。側面から切ってひらいて使う。

ニューイングランドロール

アメリカ東部ニューイングランドの名物バンズ。大きな型に長方形の生地を5つほど入れて焼き、ひとつずつ切り離して使うため、側面は平ら。真上から切り込みを入れてひらいて使う。小麦粉、酵母、塩、水といった基本材料に、砂糖やバター、卵、牛乳などが入る「リッチ」と呼ばれるパンのタイプにあてはまる。側面のクラムをさらにバターを使って焼くなどすると、香ばしさが際立って食パンのようなテイストになることから、目玉焼きやチーズ、ハチミツやメープルシロップ、葉もの野菜を使うホットドッグにあう。

ポテトバンズ

アメリカ南部テキサスで愛されているバンズ。名前の由来は文字どおりポテトにあり、小麦粉にジャガイモまたはその粉を混ぜてつくる。もちっとした食感とずしっとした存在感が特徴。側面に切り込みを入れてひらいて使う。ビーフソーセージにチーズソースをかけ、ピクルスを添えるだけのシンプルなホットドッグにもあうが、濃厚なソースの味わいを包み込んでもくれるので、甘じょっぱいソースとも相性がよい。クラスト（皮）がしっかりしているため、汁気の多いソースもかけられる。

ピザパン

アメリカ東部ニュージャージー州の定番で、別名ピザブレッドともいう。半分に切ったのち袋状になるように切り込みを入れてひらき、いわばピタパンのように使う。通常のバンズにはのりきらないたくさんのトッピングを盛りつけられるほか、クラストがしっかりしているので、汁気の多いソースもかけられる。「ピザ」とつくことからイタリアらしく、ソーセージに玉ねぎとピーマンを組みあわせ、トマトソースの一種マリナーラソースに軽くモッツァレラチーズを溶かしてかけたホットドッグにもあう。

バゲット

バゲットは、小麦粉、酵母、塩、水などの基本の材料をメインにつくられる「リーン」と呼ばれるパンの代表格。パンから感じられる小麦本来の香りを最大限に活かしつつ、ソーセージやトッピングのおいしさを引き立ててくれることから、ソーセージはもとより、生ハムやベーコンなど肉の風味や食感を前面に押し出したホットドッグのほか、チーズをのせて焼きあげたり、ハードなクラストに負けない個性的なソースを組みあわせたホットドッグにあう。

ヴィーガン用バンズ、
全粒粉バンズなど

時代を反映し、動物性食品不使用のヴィーガン用のバンズや、全粒粉が入ったバンズなども見かけるようになった。パンも独自につくれば、ホットドッグの可能性はより広がっていく。

バンズはスタイルによって使いわける

ホットドッグはフランス料理などほかの料理同様、見た目も大事。どういうホットドッグをつくりたいかによって、バンズの風味だけでなく、フォルムも見極め、使いわけるのがおすすめだ。

微妙な高さや、丸みといったフォルムの違いが、仕上がりの印象を左右する。

側面から切ってひらいてみると、仕上がりの違いが想像しやすい。

トッピングリスト

トッピングにルールはない。ホットドッグのおいしさをアップさせるものなら、冷製、温製ともになんだって加えるべきであり、不要なら潔く加える必要はないと思っている。ここでは、よく見かけるトッピングをいくつか紹介しよう。

トマト
新鮮なトマトをスライス。さらに半分に切ったり、みじん切りにしてトッピング。酸味とフレッシュさがアクセントになる。

パプリカソテー
パプリカを乱切りにし、焼き色がつくまで炒めたもの。加熱することで香ばしさと甘みが増す。

玉ねぎ（みじん切り）
玉ねぎのシャキシャキした食感と香りをホットドッグに加えたい場合や、マスタードやレリッシュとだけ組みあわせるシンプルなホットドッグにおすすめ。

玉ねぎ（粗みじん切り）
玉ねぎの食感と香りを強く出したい場合、粗みじん切りにするのがベスト。チリソース（ミートソース）など味のしっかりしたソースにもあう。

グリルドオニオン
スライスにした玉ねぎをオリーブオイルで焼き色がつくまで炒めたもの。加熱して引き出した、甘味と香ばしさがそのままホットドッグの旨味となる。

フライドオニオン
小さくスライスしてカリカリに揚げた玉ねぎの食感と香ばしさが、やみつきになるおいしさ。市販品でも高品質の優秀なものが多いので、手軽に使えるのも魅力。

ワカモレ
アボカドをつぶしてディップ状にして、好みにあわせて味を調えたもの。トマトや玉ねぎのみじん切りをプラスしたり、辛味を足してもおいしい。

ザワークラウト
キャベツをきざんで塩漬けにし、自然発酵させてつくるが、酢漬けにしてつくることもある。ザクザクとした食感と酸っぱさが、ソーセージと絶妙にマッチする。

コールスロー
キャベツの千切りを塩、酢、マヨネーズなどのドレッシングであえたもの。キャベツだけでつくるのが基本だが、ニンジンなどほかの野菜を入れてもよい。

ベーコン
シンプルに焼くだけのベーコンだが、カリカリに焼くなど焼き加減によって、さまざまな味わいに変化する。

目玉焼き
まろやかなやさしい味わいをホットドッグにもたらす目玉焼き。焼き加減によって白身と黄身の状態が違うので、好みにあわせて調理してほしい。

ガーキンス／コルニッション
マスタードシード、ディルなどのスパイスや、塩や砂糖といった調味料と一緒に酢漬けにされたミニきゅうり。ホットドッグに酸味のアクセントをもたらす。

レリッシュ

ガーキンスのみじん切りバージョンとも言えるピクルス。メーカーによって、やや甘めだったり、辛味がきいていたりとさまざま。甘めのものはスイートレリッシュという。

ハラペーニョピクルス

唐辛子ハラペーニョを輪切りにし、塩を加えて酢漬けにしたピクルス。辛味と酸味をプラスしたい時におすすめ。

スポーツペッパー

マイルドな風味の唐辛子の酢漬け。唐辛子の産地によって、辛さも風味も異なる。アメリカ中西部イリノイ州のシカゴスタイルのホットドッグでよく見かける。

グリュイエールチーズ

スイス西部グリュイエール地方原産のハードチーズ。牛乳からつくられ、わずかな酸味と、ナッツやバターのようなマイルドなコクが持ち味。

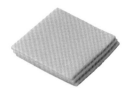

チェダーチーズ

イングランド南西部サマセット州原産の牛乳からつくられるセミハードチーズ。マイルドでさわやかな酸味をもつ。熟成が進むにつれてコクが増す。

プロセスチーズ

乳をかためて発酵熟成させたナチュラルチーズを加熱溶解して乳化させてつくるチーズ。コンデスミルクのような風味が特徴。日持ちするうえ、手頃な価格も魅力。

クリームチーズ

生乳と生クリームからつくられる熟成させないチーズ。クリーミーな質感で、まろやかな酸味とコクがある。スパイスやハーブなどを加えればソースもできあがる。

クレームドゥーブル

乳脂肪分の高い濃厚なクリーム。ここで紹介しているのは乳脂肪分40%。クリーミーで、マイルドな酸味がある。

ケチャップ

メーカーによって風味が異なるため、好みのものを選ぼう。アメリカの生粋のホットドッグラバーは、ケチャップをかけないことで知られ、使わない地域もある。

カレーケチャップ

カレーパウダーを混ぜたケチャップ。カレーのスパイシーさとケチャップのトマトの甘味が特徴。近年、国産の市販品も出まわりはじめている。

マヨネーズ

マヨネーズもメーカーによってさまざまな風味がある。自分好みのものを見つけたり、カスタマイズして使っても。

ハニーマヨネーズ

ハチミツを混ぜてつくるマヨネーズ。ハチミツがマヨネーズの酸味をまろやかにし、自然な甘味を加えてくれる。

イエローマスタード

さわやかな酸味と辛味、独特の香りが持ち味。ケチャップと並んでホットドッグにマストなイメージだが、マスタードがトッピングされていないホットドッグも多い。

スパイシーブラウンマスタード

ブラウンマスタードシードの粒がミックスされたスパイシーな風味のマスタード。イエローマスタードより辛味がある。

シラチャーソース

唐辛子をベースに塩や砂糖などの調味料でつくられるホットソースの一種。タイのシーラーチャー郡に由来するという。脂を強く感じるホットドッグにあう。

バーベキューソース

トマトをベースに香味野菜とスパイスで風味づけした、文字どおりバーベキュー料理に使われるソース。辛味や風味の違いでたくさんの種類がある。

ソーセージを知る

ソーセージなくして、ホットドッグは語れない。理想のホットドッグ
をつくるなら、手づくりしてみよう。ソーセージづくりに必要な材料
と道具を紹介する。

（ 材料 ）

肉

ソーセージは、豚肉や牛肉、羊肉、ジビエ肉などさまざまな肉でつくられる。ここ
では本書で登場するソーセージに使う肉を紹介する。いずれの肉もまずは鮮度が大
事。保存しておく場合は1〜3℃の温度が保てるようにしよう。

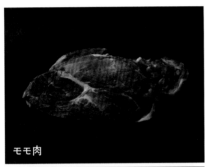

モモ肉

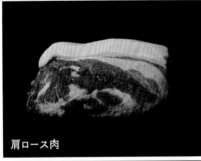

肩ロース肉

背脂

豚肉

ソーセージと言えば豚肉。サラミやハムでも 豚肉
が第一に使われている。豚肉を選ぶ際は、筋繊維が
発達した赤身で、脂肪が白または乳白色で粘りのあ
るものがよい。これらはソーセージをつくる過程に
おいて結着力を発揮するとともに、できあがった際
の旨味となる。筋繊維や脂肪の入りかたは部位によ
って違い、ソーセージの風味や食感の違いになるた
め、肉を選ぶ際はこの点も考慮する。

本書では主に、入手のしやすさと赤身肉の部位とし
ての使いやすさからモモ肉を、キメの細やかさや脂
の旨味、肉質のよさから肩ロース肉を、加工肉づく
りに欠かせない上質な脂身として背脂を選んでいる。
ソーセージづくりには、ウデ肉や首肉、バラ肉など
の部位を使うこともあり、部位の特徴や使いやすさ、
コストとのバランスから選ぶとよいだろう。

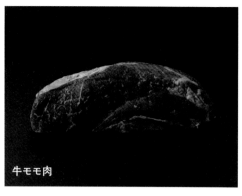

牛モモ肉

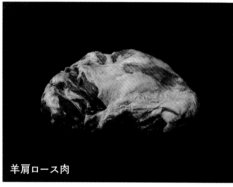

羊肩ロース肉

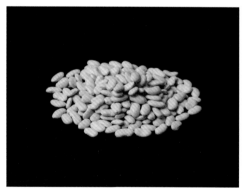

牛肉

アメリカのホットドッグをはじめ、世界では牛肉を
ソーセージづくりに使うことも多い。おすすめはモ
モ肉。脂身が少ない赤身肉であるため、タンパク質
が多くて旨味にあふれている。牛肉の脂が結着しづ
らい性質であることから、牛脂ではなく豚の背脂を
使うレシピも多くあるが、本書では使い勝手のよさ
を考慮し、豚肉を使わずに牛肉100％でソーセージ
をつくっている。また、あえて熱に溶けやすいケン
ネ脂（牛脂）を使い、よりジューシーな仕上がりと
なるようにしている。

羊肉

ソーセージにおいて羊肉は、北アフリカのモロッコ、
アルジェリア、チュニジアのマグリブ地域で誕生し、
今や世界で親しまれているメルゲーズソーセージに
使われている。羊肉は、豚肉や牛肉に比べると、野
生味あふれる独特の風味をもっており、スパイスと
の相性が非常によい。牛肉と同じく脂は結着しづら
い傾向にあるが、肉どうしが結着していない荒々し
さも、この肉の野生味がもつ魅力のひとつと考え、
あえて結着させずにソーセージをつくるのがおすす
めだ。

豆

ヴィーガンソーセージの「肉」は豆。昨今、大豆の
タンパク質を肉に模して加工した大豆ミートが出ま
わっているが、本書では大福豆を使っている。この、
へその部分まで真っ白なインゲン豆は大粒でソーセ
ージに加工しやすく、風味が豊かなうえ、食べごた
えも抜群だ。

肉のPSE、DFD、RFNって？

いずれも肉質を表現した世界共通の略語。PSEは「淡い
（pale）」「やわらかい（soft）」「滲出のある（液体がにじみ
出ること）（exudative）」、DFDは「濃い（dark）」「しまっ
た（firm）」「乾いた（dry）」、RFNは「赤い（red）」「しまった
（firm）」「滲出のない（non-exudative）」をあらわして
おり、RFNが理想的。PSEは保湿や結着の面が弱く、加工
後の食感もよくない。DFDは見た目が劣るものの、保湿や
結着の面がよいので、RFNの肉と混ぜて使われることもあ
る。PSEは豚肉に、DFDは牛肉によく見られる。

塩

調味のほか、脱水、保水、結着、乳化、保存、菌の抑制など、ソーセージづくりに重要な役割をもつ。岩塩、海塩、精製塩などさまざま種類があるが、十分な働きを促すには、塩に含まれる塩化ナトリウム（NaCl）の量が重要で、NaClを98%ほど含有する塩がおすすめだ。また、粒子が大きい岩塩や海塩は浸透に時間がかかり、粒子が細かい精製塩は短時間かつ一定の速度で浸透するという違いがある。

砂糖

調味に加え、塩と併用することで、肉の甘味を際立たせたり、塩の角を抑えたり、塩が行う脱水や保水の効果を補助する役割を担う。また、肉を自然に発色させる効果も期待できる。水あめやトレハロースなど、さまざまな種類があるが、ソーセージづくりには一般的なグラニュー糖で十分だろう。

スパイス

写真にあるのは、左奥から時計まわりにコリアンダー、ジンジャー、メース、白こしょう、パプリカ。スパイスには殺菌、保存、臭み消しなどの働きがあるが、調味の役割を意識して選ぶことが多いだろう。フレッシュかドライか、ホールかパウダーか、そのままか油や水などの液体に成分や香りを移して使うのかなど、どんなソーセージにするかを考え、スパイスと使いかたを選ぶ。クセの少ない豚肉にはおだやかな風味のスパイスが、クセや香りが強い牛肉や羊肉には強い刺激や風味のスパイスがあう。複数のスパイスが配合されたミックススパイスも市販されており、活用するのもよいだろう。

リン酸塩

ピロリン酸ナトリウム、ポリリン酸ナトリウム、メタリン酸ナトリウムなどを総じてリン酸塩と言い、主に肉の結着性と保水力の向上を目的に使う。肉は処理されていくにつれて、塩溶性タンパク質のミオシンとアクチンがアクトミオシンに変質し、結着性と保水力が弱くなってしまうが、リン酸塩を加えることで、もとのミオシンとアクチンに還元され、結着性と保水力を取り戻すことができる。肉の結着性、いわゆるつなぎをよくするためには、タンパク質がベースになったレバーや血液、卵、コラーゲンなどのほか、デンプンが使われることもあり、これらのもので代用可能だが、ハリに関しては代用できるものがなく、使用するか否かで大きな違いがある。リン酸塩の使用には、使用量や条件の制限はないが、0.3％を目安に使うのがよいだろう。

亜硝酸ナトリウム

筋肉に含まれるミオグロビンやヘモグロビンに作用し、加熱や酸化による変色を防いで赤色を保つ発色剤の働きをする。毒性がある点に注目を浴びがちだが、脂身の酸化を防止し、非常に強い毒性のボツリヌス菌やO-157大腸菌の増殖を抑制する点にもしっかりと着目してほしい。プロならば、リスクを予防・軽減しながら、肉を扱わねばならない。ただし、使用には条件がある。長期間にわたり過度に摂取すると健康被害を引き起こす可能性があるため、食品衛生法では残存量70ppm、つまり1kgあたり70mgと決められている。ソーセージづくりには微量使うため、塩に混ぜて希釈塩（NPS：nitritpökelsalzの略）にして使う（下のつくりかた参照）。取り扱う際は、誤って口や目に入ってしまわないように十分に気をつけよう。

NPSのつくりかたと使いかた

材料
亜硝酸ナトリウム10％含有の発色剤製剤 … 100g
塩（精製塩など粒子の細かいもの） ………… 900g

つくりかた
ボウルにすべての材料をを入れてよく混ぜあわせる。

※NPSは塩や砂糖などと同様に白いため、塩や砂糖とまちがえて使わないように、NPSと大きく書いた保存容器に入れるなど、取り扱いには注意しよう。

使いかた
1kgの肉に対し、10〜20g加える。

アスコルビン酸

ソーセージづくりにおいては、酸化による変色や風味の劣化を防ぎ、保存性を向上させるための加工助剤として使う。亜硝酸ナトリウムによる発色還元を促進する役割もある。

ケーシング

肉の生地を入れる筒状のもので、人工的につくられたものもあるが、主に豚や羊の腸からつくられている。それぞれの動物や個体差によって直径や長さが異なり、写真は上から羊腸（直径20〜22mm）、豚腸（直径28〜30mm）、豚腸（直径30〜32mm）のケーシング。通常は、塩漬けされた状態で流通している。

ケーシングの使いかた

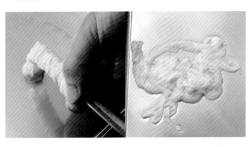

バットに水を入れてケーシングを浸し、20分ほど置いて戻す。ケーシングを棒からゆっくりとはずす。

あまった時は…

使う分だけ塩抜きして使うが、塩抜きしたあとにあまってしまった場合は、水に浸したまま24時間以内に使いきる。または水気をふき取り、塩をまわりにたっぷりつけてできるだけ密封し、冷蔵庫で保存してなるだけ早く使いきる。

ソーセージのみを販売するなら

販売目的でソーセージをつくるなら、食品衛生法を熟読するとともに、食品衛生管理者の資格や食肉製品製造業の許可を取得したり、保健所への施設登録を行ったりする必要がある。

食品衛生法では、亜硝酸ナトリウムなどのいわゆる発色剤は、生肉など生の製品には使えないことになっている。そのため、本書でも熱を加えてつくらないあらびきソーセージには使用していない。

また、肉を50％以上含むものを加熱したり、同等の処理を行ったりすると食肉製品となり、家庭やレストランで提供するのは自由だが、テイクアウト用に販売するには、販売に際しての規定を守る必要がある。規定は複雑なうえ、各自治体によって異なるので、詳しくは所管の自治体へ問いあわせよう。

ミンサー／ミートグラインダー

肉の塊をひき肉にする際に使う。ミートチョッパー、肉ひき機、ミンチ機とも言われる。
内臓されたスクリューによって押し出された肉が、プレートの穴を通る際に回転する刃
（ナイフ、カッター）によって切断され、ひき肉になって出てくる。性能のよいものは、
ひき肉にする際に肉の組織を潰さずに結着力を保持できるため、おいしいソーセージを
つくるには、性能のよいミンサーを選ぶのがおすすめだ。

卓上ミンサー

大型ミンサーと同じく、出口に刃とプレート
を装着して使う。本書で使っているプレート
の穴の直径は、3、8、16mm。

大型ミンサー

安定して大量の肉をひき肉にすることができる大型ミンサーは、主にソーセー
ジメーカーで使われる。この大型ミンサーはプレートが3枚ついた3段びきが
可能で、軟骨の除去もできる。ミキシング機能もついており、調味料を含めた
複数の材料を混ぜあわせるのにも最適だ。

大型ミンサーのプレート、
ナイフ、エンドプレート

写真の左から順に、ミンサーの出口に取りつける。
プレートでナイフをはさむことで、肉にダメージを
与えることなくひき肉にできる。

サイレントカッター／フードプロセッサー

肉をミンサーでひき肉にしたあと、高速で回転する刃で肉を乳化させるだけでなく、結着させる。エマルジョン（乳化）ソーセージやあらびきソーセージなどで使われ、肉質に一体感のあるソーセージをつくることができる。

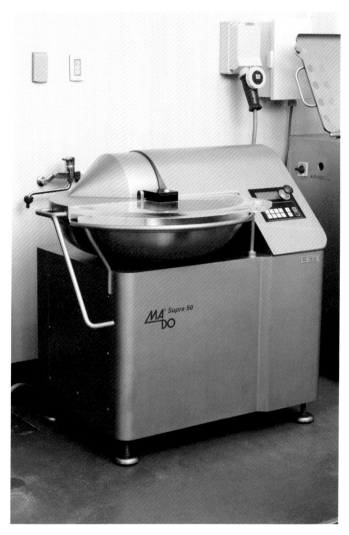

フードプロセッサー

3000回転するパワフルなタイプ（上）は、生地を乳化させたい場合に大活躍するが、家庭でも見かけるタイプ（下）でも性能によっては十分においしいソーセージがつくれる。

サイレントカッター

大きなボウルが回転し、付属の刃が材料を毎分3000回転以上でカットしていく構造になっている。ボウルにひいた肉と脂、香辛料、氷などを入れ、高速でカットして結着力を高めながら、材料を乳化させた状態にすることができる。

スタッファー

サイレントカッターやフードプロセッサーでソーセージ生地をつくりあげたのち、ケーシングに詰める際に使う。手動式と油圧式があり、大量のソーセージをつくる場合は、ソーセージメーカーなどで使われる油圧式がよいが、使い勝手がよく手頃な価格で入手しやすいのは手動式。手動式は、自分の感覚で作業ができたり、掃除や洗浄がしやすいというメリットもある。

手動式スタッファー

下部についたチューブの先端にケーシングを装着し、片手でハンドルをまわし、もう片方の手はノズルに添えてケーシングに入れる生地を調節する。

大型スタッファー

大量の生地を充填することができる。上部のホッパーに生地を入れ、中央のチューブの先端にケーシングを装着したら、スタッファーの横に出ているバーをひざで押して生地を送り出し、ケーシングに充填していく。

絞り袋と口金

家庭で少量のソーセージをつくるなら、絞り袋と口金を使い、ケーシングに生地を詰めていくという方法もある。

スモークハウス／スモーカー

ソーセージを燻製にする際に使う。燻製はソーセージづくりにおいて非常に重要な工程だ。燻製されることでもたらされる薫香は、ソーセージの独自の味を構成するひとつの要素であるだけでなく、ソーセージの保存性を高める役割も果たす。一度に大量のソーセージを処理することができるが、大型でコストもかかるため、入手しやすい価格のスモーカーを購入するのがおすすめ。大型と同じく、乾燥と燻製の工程を行うことができる。

スモーカー

写真はおよそ幅40×奥行き32×高さ82cmほどのステンレスおよびスチール製。上部には可動式のラック（または吊し棒）が、下部には燻製チップと熱源を置くスペースがある（P36工程15）。

大型スモークハウス

ソーセージを何層もかけられる移動式棚をセッティングすることができて、扉部分に燻製チップを入れるスモークジェネレーターがついているほか、ソーセージを効果的に冷却させる装置などを内蔵しており、乾燥、燻製、加熱、冷却の工程をオートマチックに完了させることができる。

スケール

肉などの重量のある食材と、塩やスパイスなどの軽量の食材を効率よく正確に計量できるように、ふたつのデジタルスケールを用意しておくと便利。

脱気シーラー

ソーセージを保存する際に使う。袋のなかの空気を吸引しながら袋詰めすることができる。

温度計

ソーセージを茹でる湯の温度や、ソーセージなどの食材の芯温を測定するのに使う。

ホットドッグづくりに あると便利な道具

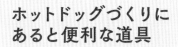

アルミホイル&ワックスペーパー

できあがったホットドッグを包む際に使用。ワックスペーパーは白から茶色までそろう。

チーズ グレーダー

トッピング用チーズをカットするのに便利。

フレンチフライ カッター

トッピング用フレンチフライを小ぶりの直方体にカットできる。

MAKE SAUSAGES
ソーセージを
作る

ソーセージは主に、「肉を切る」→「肉をひく」→「混ぜる（＋乳化させる）」→「ケーシングに詰める」という工程を経てつくられる。種類によっては、さらに「燻製する」「茹でる」という作業を行って完成させる。

手づくりソーセージなら、理想のホットドッグがつくれるばかりか、本場アメリカのホットドッグにも負けないおいしさの逸品がつくれることから、本書ではポーク、ビーフ、あらびき、メルゲーズ、白ソーセージ、ブラッド、ヴィーガンの7種類のソーセージのつくりかたを紹介する。

ホットドッグ専用のソーセージであるため、バンズやさまざまなトッピングが加わることを考慮し、塩分はレシピ全量の1.5〜1.7％となっている。これ以下の塩分だと、味が決まっていない印象のホットドッグになってしまう。

ポークソーセージ

豚肉は、牛肉などほかの肉と比べて脂の口溶けがよいうえ、赤身肉と脂が混ざりやすいことから、最も加工に向いていると言える。ソーセージづくりにおいても、風味や口当たりなど多くの点でバランスよく仕上げることができるため、ソーセージの本場ドイツをはじめ、多くの国でソーセージをつくるのに一番よく使われてきた。

ここで紹介するポークソーセージは、赤身肉と脂を均一に混ぜあわせて乳化させてつくるエマルジョンソーセージであるため、乳化させやすいように雪氷を使って低温を保ちながら作業していく。また、ケーシングに生地を詰めたあとの乾燥と燻製の工程がソーセージの仕上がりを大きく左右することから、これらにも十分に注意したい。

作業工程や気をつけることが多そうに思えるだろうが、ここで紹介する手順で、温度やタイミングなどのポイントを押さえながらつくると、生地がよい具合に混ざりあってまとまりがあり、パリッとした食感のおいしいソーセージができあがる。仕上がりの太さと食べやすさを考慮し、ケーシングは羊腸を使っている。

エマルジョンソーセージのルーツがドイツにあるため、ドイツの伝統的なソーセージをモデルにし、つくりかたやスパイスのセレクトや配合なども参考にしているが、砂糖が配合されている点が大きく違う。通常、ドイツのソーセージに砂糖が使われることはほぼないが、アメリカのホットドッグ用ソーセージにはコーンシロップなどの砂糖が使用されていることが多く、砂糖の甘味がソーセージの塩味とあいまって、ホットドッグらしさを引き出すのにひと役買っている。

材料
(つくりやすい分量：仕上がり約800g、約60g13本分)

豚モモ肉		480g
豚背脂		160g
雪氷 (P41)		160g
A	NPS	12g
	砂糖	4g
	白こしょう	1.6g
	メース	0.4g
	コリアンダー	0.3g
	ジンジャーパウダー	0.3g
	カルダモン	0.2g
	リン酸塩	2.4g
	アスコルビン酸	0.8g
羊腸のケーシング		適量

※フードプロセッサーは3.7ℓ、3000回転/分のものを使用。上記の分量をもとに、フードプロセッサーの大きさに応じて1回の仕込み量を変える必要がある。また、仕上がり量を増やす場合も上記の分量をもとに用意し、同じ作業を繰り返してつくる。

肉の脂を取り除き、背脂ともどもミンサーに入るサイズに切る。

ミンサーに8mmのプレートを取りつけ、肉を入れてひき肉にする。ひき肉をもう1回ミンサーに入れ、2度びきにする。

続けてミンサーに背脂を入れてひき肉状にする。

2の肉と**3**の背脂をそれぞれバットに移し、冷凍庫に入れ、半分程度凍った状態になるまで冷やす。

フードプロセッサーに**4**の肉を入れ、軽くほぐす。

雪氷の2/3量を加える。

Aの2/3量を加え、ピュレ状になり、よく混ざりあうまでフードプロセッサーにかける。

※生地の温度が10℃を超えないように気をつける。理想は5〜7℃。

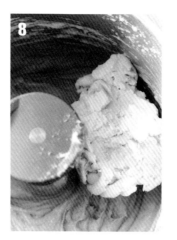

4の背脂を加え、軽く混ぜあわせる。

残りの雪氷と**A**を加える。

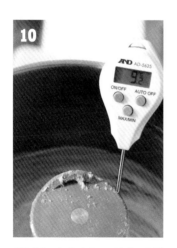

9℃ぐらいになるまで、途中、容器についた生地をこそぎ落としながらまわす。

※肉と脂の結着が分離してしまわないように、生地の温度は高くとも11〜12℃に抑える。

スタッファーにケーシングを装着し（P41）、生地を詰めていく。

詰めおわったら、ケーシングをスタッファーからはずし、両端を結ぶ。

ソーセージ1本が20cmほどの長さになるようにケーシングをつまみ、4〜5回ひねる。

※同じ長さに仕上がるように、つくりたい長さに切ったテープを作業台に貼って作業しても。

スモーカーの吊し棒にソーセージを通す。

電熱器で55℃に予熱したスモーカーにソーセージを吊し、スモーカーの扉を閉め、扇風機で風を当てながらソーセージの表面が乾くまで30分ほど乾燥させる。

※まんべんなく燻製できるように、ソーセージどうしがくっつかないように間隔をあけて吊す。

扇風機をはずし、火をつけたスモークウッドを置き、55℃を保ちながら40分ほど燻製にする。

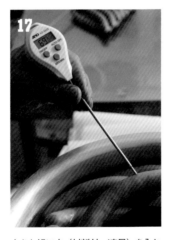

大きな鍋に水（材料外、適量）を入れ、塩（材料外、水に対して1.5%の量）を加え、75℃に沸かす。ソーセージを入れ、落としぶたをして芯温が68℃になるまで20〜30分茹で、68℃になったらさらに5分茹でる。

鍋を火からおろし、流水をかけて粗熱を取る。

※すぐに使わない場合、真空パックにして保存するのがおすすめ。冷蔵で5日間、冷凍で1か月間保存可能。

ビーフソーセージ

photo：P42

ポークソーセージと同様に、ビーフソーセージも生地を乳化させてつくるが、肉が牛肉なのか豚肉なのかの違いは大きい。肉の香りや味わいはもとより、仕上がりを大きく左右する脂の質が牛肉と豚肉ではかなり異なる。牛肉の脂は融点が高くてかたいため、ソーセージにした際に豚肉を使った時のようななめらかな舌触りにはなかなかならない。しかし、逆を言えば、牛肉の力強さが前面に出たパンチのあるソーセージをつくれる。

ここで紹介するレシピには、あえて牛肉の脂のなかで溶けやすいケンネ脂を使い、調理されたソーセージを食べた時に脂のジューシーさを感じられるようにした。そして、エマルジョン生地にあらびき生地を加え、食感も楽しめるようにしている。

材料
（つくりやすい分量：仕上がり約1kg、約60g 16本分）

エマルジョン生地

牛肩ロース肉		300g
ケンネ脂		100g
雪氷		100g
A	NPS	7.5g
	砂糖	2.5g
	白こしょう	1g
	パプリカ	0.3g
	ナツメグ	0.2g
	コリアンダー	0.2g
	リン酸塩	1.5g
	アスコルビン酸	0.5g

あらびき生地

牛肩ロース肉		350g
ケンネ脂		150g
A	NPS	7.5g
	砂糖	2.5g
	白こしょう	1g
	パプリカ	0.3g
	ナツメグ	0.2g
	コリアンダー	0.2g
羊腸のケーシング		適量

※フードプロセッサーは3ℓ、1800回転/分のものを使用。上記の分量をもとに、フードプロセッサーの大きさに応じて1回分の仕込み量を変える必要がある。また、仕上がり量を増やす場合も上記の分量をもとに用意し、同じ作業を繰り返してつくる。

エマルジョン生地とあらびき生地の
それぞれの肉の脂を取り除き、ケン
ネ脂ともどもミンサーに入るサイズ
に切る。

大きなボウルに**1**のあらびき生地の
肉とケンネ脂を入れて混ぜ、8mmの
プレートを取りつけたミンサーに入
れてひき肉にする。

ミンサーに**1**のエマルジョン生地の
肉を入れてひき肉にする。

ミンサーに**1**のエマルジョン生地の
ケンネ脂を入れてひき肉状にする。

2にあらびき生地の**A**を加える。

手でよく混ぜあわせる。

3の肉と**4**のケンネ脂をそれぞれバットに入れ、冷凍庫で半分程度凍った状態になるまで冷やす。

フードプロセッサーに**7**の肉を入れ、軽くほぐす。

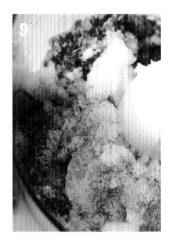

エマルジョン生地の雪氷と**A**を2/3量ずつ加える。

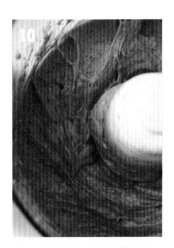

ピュレ状になり、よく混ざりあうまでフードプロセッサーにかける。

※生地の温度が10℃を超えないように気をつける。理想は5〜7℃。

7のケンネ脂と、エマルジョン生地の残りの雪氷と**A**を加える。

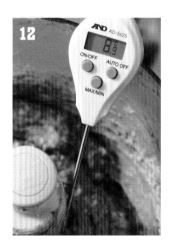

9℃ぐらいになるまで、途中、容器についた生地をこそぎ落としながら混ぜあわせる。

※肉と脂の結着が分離してしまわないように、生地の温度は高くとも11〜12℃に抑える。

大きなボウルに**12**の生地と**6**を入れ、混ぜムラがないように手でしっかり混ぜあわせる。

スタッファーにケーシングを装着し、生地を詰めていく。

ソーセージ1本が20cmほどの長さになるようにケーシングをつまみ、4〜5回ひねる。

スモーカーの吊し棒にソーセージを通す。

ポークソーセージ同様に（P36工程15）、電熱器で55℃に予熱したスモーカーにソーセージを吊し、スモーカーの扉を閉め、扇風機で風を当てながらソーセージの表面が乾くまで30分ほど乾燥させる。

※まんべんなく燻製できるように、ソーセージどうしがくっつかないように間隔をあけて吊す。

ポークソーセージ同様に（P36工程16）、扇風器をはずし、火をつけたスモークウッドを置き、55℃を保ちながら40分ほど燻製にする。

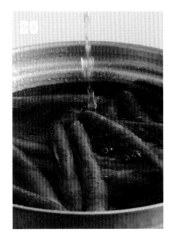

大きな鍋に水（材料外、適量）を入れ、塩（材料外、水に対して1.5%の量）を加え、75℃に沸かす。ソーセージを入れ、落としぶたをして芯温が68℃になるまで20〜30分茹で、68℃になったらさらに5分茹でる。

鍋を火からおろし、流水をかけて粗熱を取る。

※すぐに使わない場合、真空パックにして保存するのがおすすめ。冷蔵で5日間、冷凍で1か月間保存可能。

雪氷のつくりかた

ポークソーセージとビーフソーセージ、白ソーセージに使う雪氷は、フードプロセッサーでつくることができる。
①バットに水を入れて凍らせる。
②木ベラで氷の表面を何度もたたいてくだき、小さめの塊にする。
③フードプロセッサーに入れて、細かな粒状になるまでくだく。

ケーシングのセッティングのしかた

スタッファーのチューブの直径にケーシングを広げてはめ、奥にスライドさせてケーシングを通していく。

ケーシングの末端あたりにきたら、写真のように長めに残しておく。

あらびきソーセージ

photo：P43

ここでは16mmの大粒のひき肉でつくるあらびきソーセージを紹介する。大粒のひき肉からつくるソーセージは、生から焼きあげた際のこんがりと焼けた色とあふれる肉汁が特徴的で、ほかのソーセージでは実現できない魅力がある。また、肉をひき肉にしたあと、さらにそのいくらかをフードプロセッサーにかけて細かくして混ぜることで、生地としての一体感と食感のバリエーションが出るようにした。また、豚の肩ロース肉だけでは、旨味はあるものの全体的にやわらかい印象を受けるため、豚モモ肉を加えて肉感をプラスした。

あらびきソーセージをつくりはじめた頃、バンズにはさんで食べてみると、味が足りないことがあり、試行錯誤を重ねて、塩分は全体の1.7～1.8%、砂糖は0.5%というバランスに落ち着いている。

材料
（つくりやすい分量：仕上がり約3kg、約130g 23本分）

豚肩ロース肉		1.5kg
豚モモ肉		750g
豚背脂		450g
冷水		300㎖
A	塩	51g
	砂糖	15g
	白こしょう	6g
	メース	6g
ニンニク（皮なし）		3g
豚腸のケーシング		適量

ROUGHLY GROUND SAUSAGE

Aはボウルに入れて混ぜあわせる。ニンニクはきざんだあと、すり鉢に入れ、すりこぎでつぶす。

POINT

ソーセージに程よい香りをつける場合、ニンニクはすりおろすのではなく、つぶすほうがよい。

肩ロース肉は被りの脂のみを、モモ肉は脂を取り除き、背脂ともどもミンサーに入るサイズに切る。

大きなボウルに**2**の肉2種と背脂を入れ、全体がバランスよく混ざるように手で混ぜあわせる。

1の**A**とニンニクを加えてよく混ぜる。

ミンサーに16mmのプレートを取りつけ、**4**の肉と背脂を入れてひき肉にする。

45

手で軽くほぐしながら、肉と背脂が均等に混ざりあうように混ぜる。

冷水を加え、まとまるまで混ぜる。

POINT

混ぜるうちに、肉どうしが結着してくる。

フードプロセッサーに**7**の肉の15%ほどの量を入れ、5〜10秒ほど軽くまわす。
※肉のテクスチャーにバリエーションを与えるのが目的なので、短時間でOK。

8の肉を**7**に戻し入れ、全体を混ぜあわせる。

スタッファーにケーシングを装着し、生地を詰めていく。

ソーセージ1本が17cmほどの長さになるようにケーシングをつまみ、4〜5回ひねる。

フックにかけて涼しい場所に吊し、40分ほど乾燥させる。

※すぐに使わない場合、真空パックにして保存するのがおすすめ。冷蔵で2〜3日間、冷凍で1か月間保存可能。

ソーセージの成形のしかた

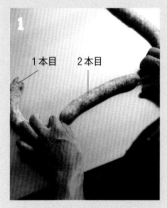

ソーセージ1本の長さを決め、2本目にあたる部分の両端を指でつまむ。

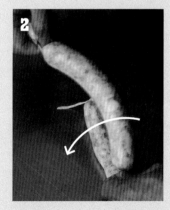

両手を向こう側へ4〜5回ひねって成形する。

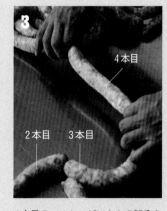

4本目のソーセージにあたる部分をつまみ、2と同様に成形する。これを繰り返して成形していく。

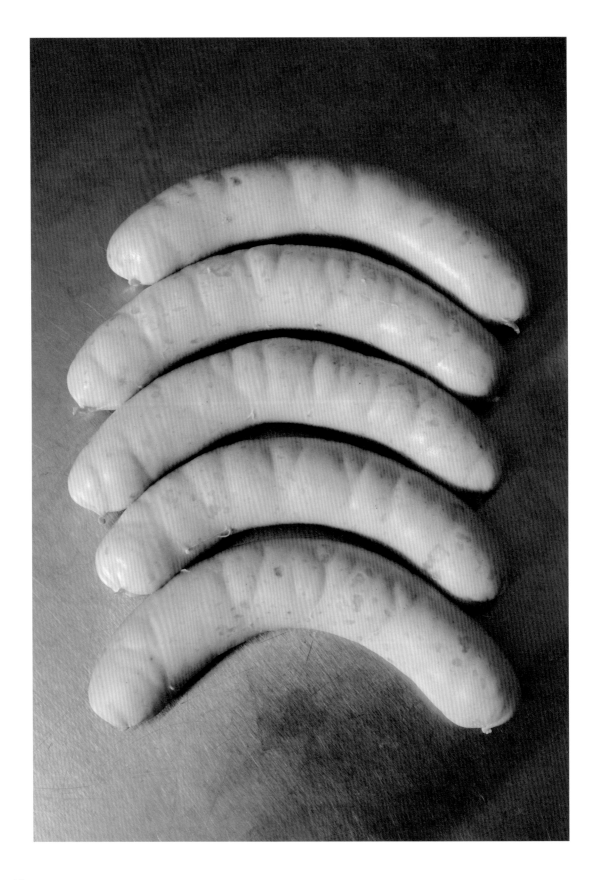

白ソーセージ

ここで紹介する白ソーセージは、ドイツのヴァイスブルストをモデルにしている。ヴァイスブルストは、仔牛肉と豚肉からつくられるケーシングをむいて食べるソーセージだ。本書では、ホットドッグ用ソーセージに仕立てるにあたり、仔牛肉ではなく淡白でやわらかい肉質の鶏肉を使い、食感を軽くするとともに、ケーシングまで食べられるようにした。鶏肉を使うとコストを削減できるという利点もある。
肉と背脂がきれいに混ざりあうと薄いピンクの生地ができるが、亜硝酸ナトリウムもリン酸塩も加えていない無添加ソーセージであるため、茹でるときれいな白いソーセージになる。この白い色がホットドッグの色彩のアクセントになり、トッピングの色とコントラストをなして見た目にもおいしそうなホットドッグをつくることができる。また、リン酸塩を加えないことから、乳化を補助するためにスキムミルクを使っている。これは、ホワイトホット スタイル（P79）のホットドッグでよく見られる手法だ。そして今回は、焼くことを前提にしているため、あらびきソーセージと同じく生地をケーシングに詰めたあと、しばらく乾燥させる工程を取り入れている。

材料
（つくりやすい分量：仕上がり約800g、約130g 6本分）

豚モモ肉		240g
鶏ムネ肉		240g
豚背脂		160g
雪氷		160g
A	塩	12g
	砂糖	4g
	スキムミルク	2.4g
	白こしょう	1.6g
	メース	0.4g
	コリアンダー	0.2g
	ジンジャーパウダー	0.2g
豚腸のケーシング		適量

※フードプロセッサーは3.7ℓ、3000回転/分のものを使用。上記の分量をもとに、
フードプロセッサーの大きさに応じて1回分の仕込み量を変える必要がある。また、
仕上がり量を増やす場合も上記の分量をもとに用意し、同じ作業を繰り返してつくる。

豚モモ肉は脂を、鶏ムネ肉は皮を取り除き、ミンサーに入るサイズに切り、大きなボウルに入れて混ぜあわせる。

背脂をミンサーに入るサイズに切る。

ミンサーに8mmのプレートを取りつけ、1の肉を入れてひき肉にする。ひき肉をもう1回ミンサーに入れ、2度びきにする。

続けてミンサーに背脂を入れてひき肉状にする。

3の肉と4の背脂をそれぞれバットに移し、冷凍庫に入れ、半分程度凍った状態になるまで冷やす。

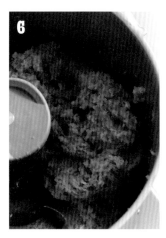

フードプロセッサーに5の肉を入れ、軽くほぐす。

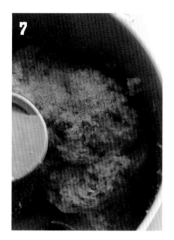

Aの2/3量を加える。

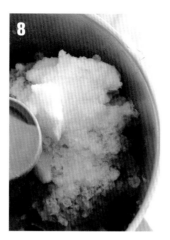

雪氷の2/3量を加える。

ピュレ状になり、よく混ざりあうまでフードプロセッサーにかける。

※生地の温度が10℃を超えないように気をつける。理想は5〜7℃。

5の背脂を加え、軽く混ぜあわせる。

残りのAと雪氷を加える。

9℃ぐらいになるまで、途中、容器についた生地をこそぎ落としながら混ぜあわせる。

※肉と脂の結着が分離してしまわないように、生地の温度は高くとも11〜12℃に抑える。

スタッファーにケーシングを装着し、生地を詰めていく。

ソーセージ1本が17cmほどの長さになるようにケーシングをつまみ、4〜5回ひねる。

フックにかけて涼しい場所に吊し、1時間ほど乾燥させる。

大きな鍋に水（材料外、適量）を入れ、塩（分量外、水に対して1.3％の量）を加え、75℃に沸かす。ソーセージを入れ、落としぶたをして芯温が68℃になるまで20〜30分茹で、68℃になったらさらに5分茹でる。

鍋を火からおろし、流水をかけて粗熱を取る。

※すぐに使わない場合、真空パックにして保存するのがおすすめ。冷蔵で2〜3日間、冷凍で1か月間保存可能。

芯温68℃で5分のパスチャライゼーション

パスチャライゼーションとは100℃以下で行う殺菌の手法。フランスの生化学者ルイ・パスツールによって開発された。ソーセージづくりにおいて殺菌は大切な工程だが、肉のタンパク質が必要以上に水分を放出し、おいしさを損ねないように、低温で殺菌するのがベター。短時間でおわらせる場合、芯温72℃なら1分ですむ。本書ではさらなるおいしさを求めて芯温68℃で5分茹でて殺菌しているが、ブラッドソーセージは肉の含有量がほかのソーセージに比べて少ないため、ソーセージ内部が高い温度になっても保水率が落ちないこと、さらには豚の血を使うため、豚の血の殺菌がしっかりできていないリスクを考え、芯温72℃に温度を上げて殺菌している。

メルゲーズソーセージ

photo：P56

メルゲーズソーセージは、北アフリカが起源のソーセージ。宗教上の理由から豚肉を食べない地域で生まれたことから、羊肉を使うのが主流だが、羊肉と牛肉を混ぜたり、牛肉でつくるものもある。ここでは、手に入りやすい仔羊肉の肩肉を塊のままひき肉にした、羊肉100％のレシピを紹介する。

肉に加えるスパイスは、ホールのスパイスを乾煎りして香りを引き出してからパウダーにして加えると、より香り高いソーセージになる。パウダーにする際も、ホールの断片がほんの少し残るくらいにしておくと、ソーセージを食べた時にスパイスのテクスチャーと香りが強く感じられ、羊肉の香りとあいまってパンチのある仕上がりになる。ホットドッグだけでなく、クスクス料理に用いてもおいしいソーセージだ。

材料
（つくりやすい分量：仕上がり約2kg、約60g 33本分）

仔羊肉（脂がついたままの塊肉）	1900g
冷水	100mℓ
塩	30g
ニンニク	4g
パプリカ	20g
クミン（ホール）	6g
コリアンダー（ホール）	4g
キャラウェイ（ホール）	4g
ジンジャーパウダー	4g
チリ（フレーク）	2g
羊腸のケーシング	適量

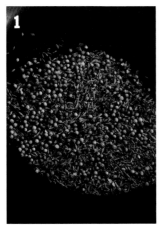

フライパンにクミン、コリアンダー、
キャラウェイ、チリを入れ、弱火で
香りが出るまで乾煎りする。

1のスパイスをミルでパウダーにし、
パプリカ、ジンジャーパウダー、塩
と一緒にバットに入れる。ニンニク
をすりつぶす。

肉をミンサーに入るサイズに切り、
大きなボウルに入れ、2を加えてよ
く混ぜあわせる。

ミンサーに8mmのプレートを取りつ
け、3の肉を入れてひき肉にする。
ひき肉をもう1回ミンサーに入れ、
2度びきにする。

手で軽くほぐす。

冷水を加え、まとまるまで混ぜる。

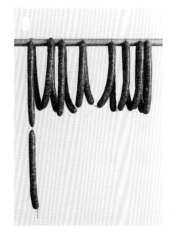

スタッファーにケーシングを装着し、生地を詰めていく。

ソーセージ1本が20cmほどの長さになるようにケーシングをつまみ、4〜5回ひねる。

フックにかけて涼しい場所に吊し、40分ほど乾燥させる。

※すぐに使わない場合、真空パックにして保存するのがおすすめ。冷蔵で2〜3日間、冷凍で1か月間保存可能。

空気が入ってしまったら

成形する途中で、ケーシングのなかに空気が混入していることに気づいたら、詰めムラができてしまうので、次のように対処しよう。

空気の入っている箇所を持つ。

針を刺して小さな穴をあけ、空気を出す。
※針穴ぐらいなら、仕上がりに影響はない。

ブラッドソーセージ

photo：P57

ここで紹介するブラッドソーセージは、フランスのブーダン・ノワールをモデルにしている。ブーダン・ノワールは、肉をあまり加えず背脂と玉ねぎをメインにつくるが、ホットドッグにした場合、これでは食感にもの足りなさを感じるため、豚の肩ロース肉を全量の50％使うことにした。肉の食感と豚肉の旨味が加わり、食べごたえもおいしさも増す。さらにクミンやニンニクなどを加え、食べやすくもしている。

今回のように生地に血などの液体を使う場合、ケーシングに生地を詰めたあとは手早く作業しなければ、ケーシングから血液がにじみ出てきてしまい、作業台が血だらけになる。加えて「仕込む量を多くしすぎない」「バットなどにソーセージを入れながら作業する」などの工夫が必要だ。

材料
（つくりやすい分量：仕上がり約3kg、約130g 23本分）

豚肩ロース肉	1.5kg
豚背脂	300g
玉ねぎ	500g
ニンニク（みじん切り）	9g
豚の血	750g
生クリーム（37％）	90mℓ
A 塩	45g
コーンスターチ	15g
クミン	6g
ピマンデスプレット	3g
白こしょう	3g
ナツメグ	1.5g
オリーブオイル、豚腸のケーシング	各適量

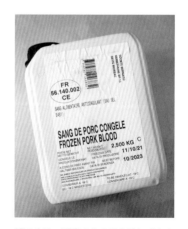

豚の血は、国産のものは入手しづらく、肉屋で冷凍のフランス産のものを購入することができる。ソーセージに単に混ぜて風味づけするだけでなく、肉を結着させるために使う。

肉の脂を取り除き、背脂ともどもミンサーに入るサイズに切る。

ミンサーに8mmのプレートを取りつけ、**1**の肉を入れてひき肉にする。

続けてミンサーに**1**の背脂を入れてひき肉状にする。

大きな鍋を中火にかけ、オリーブオイルを入れて熱し、玉ねぎとニンニクを入れて軽く炒める。

2の肉を加え、肉の色が変わるまでよく炒める。

3の背脂を加え、なじむまで炒め、粗熱を取る。

豚の血をボウルに濾し入れる。

※かたまっている部分があったら、ゴムベラでほぐしながら濾す。

6の鍋に**7**の豚の血を加え、全体をよく混ぜあわせる。

Aを加え、全体をよく混ぜあわせる。

生クリームを加え、全体をよく混ぜあわせる。

中火にかけ、50℃になるまで加熱し、粗熱を取る。

じょうごを逆さにしてケーシングを装着し、たこ糸でしっかり縛る。ケーシングの末端を結ぶ。

13

11の生地を**12**のじょうごに入れ、スプーンの背で押しながら、ケーシングに生地を詰めていく。

14

ソーセージ1本が17cmほどの長さになるようにたこ糸でしばり、成形する。

15

大きな鍋に水（材料外、適量）を入れ、塩（分量外、水に対して1.5％の量）を加え、80℃に沸かす。ソーセージを入れ、落としぶたをして芯温が72℃になるまで20～30分茹で、72℃になったら、72℃を保ちながらさらに1分茹でる。

16

網を敷いたバットに取り出し、粗熱を取る。

※すぐに使わない場合、真空パックにして保存するのがおすすめ。冷蔵で2～3日間、冷凍で1か月間保存可能。

脱気シーラーでソーセージを保存

ソーセージの保存は、脱気シーラーを使って真空パックにし、ソーセージが酸素に触れないようにしておくことが重要。腐敗の原因となる細菌の活動を抑えたり、保存性を高めることができるほか、保存中に何かの匂いがソーセージに移ったり、冷凍の際に霜がつくことも防げる。解凍の際にそのまま冷水に浸したり、茹でる際にそのまま湯に入れることで肉のドリップの流出を防げるという利点もあることから、少量ずつ密封するのがおすすめ。脱気シーラーは、ソーセージに含まれる空気まで吸い取らないため、真空包装機がなおのことよいが、作業面を考えると卓上サイズの脱気シーラーのほうが使いやすい。

ヴィーガンソーセージ

ここで紹介するヴィーガンソーセージは、大豆由来の代替肉を使っていない。白インゲン豆をメイン食材に据え、殺菌された糖蜜で発酵させた酵母であるニュートリショナルイーストとマッシュルームの旨味を加え、そば粉とチアシードをつなぎにした無添加かつグルテンフリーのソーセージだ。ヒヨコ豆などを使ったコロッケ、ファラフェルにヒントを得ている。

このソーセージは、食材本来の味がストレートに表現されているため、スパイシーな食材から甘いフルーツまでさまざまなトッピングとあう。そば粉は好みで薄力粉に置き換えてもよい。肉を使わずに植物由来の食材だけでレシピを考えると、新たな発見があり、今までの料理の経験を踏まえつつもまったく新しい世界へ足を踏み入れるような感覚を得る。

材料
(つくりやすい分量：仕上がり約2kg、約90g 22本分)

白インゲン豆（大福豆、茹でたもの）	1kg
そば粉	300g
マッシュルーム	300g
玉ねぎ	180g
くるみ	160g
チアエッグ（P65）	
チアシード	15g
水	45g
ニュートリショナルイースト	60g
レモン果汁	8mℓ
塩	20g
クミン	10g
白こしょう	2g
オニオンパウダー	2g
オリーブオイル	適量

マッシュルームと玉ねぎをみじん切りにする。

フライパンを中火にかけ、オリーブオイルを入れて熱し、1のマッシュルームと玉ねぎを入れ、玉ねぎが軽く色づくまで炒める。

小さなボウルにチアエッグをつくり、大きなボウルに2と残りのすべての材料と一緒に入れ、ゴムベラでよく混ぜあわせる。

全体がなじむまで手でこねるようにして混ぜる。

1個90gにわけ、俵形にまとめる。

細長い直方体に成形し、クッキングシートを敷いたアルミホイルの手前にのせる。

7

手前からアルミホイルで生地を巻いていく。

8

包みおわったら、両端をねじってキャンディの包みのようにし、作業台に置いて手前から奥に向かって転がして丸める。

9

大きな鍋に水（分量外、適量）を入れて沸騰しない程度に沸かし、**8**のアルミに包んだままのソーセージを入れて20分茹でる。

10

網を敷いたバットに取り出し、粗熱を取る。

※すぐに使わない場合、真空パックにして保存するのがおすすめ。冷蔵で3日間、冷凍で1か月保存可能。

豆の戻しかた＆茹でかた

ボウルに豆を入れ、たっぷりの水を加えてひと晩浸しておく。鍋にたっぷりの水を入れて沸かし、90〜120分茹で、水気をきる。

※白インゲン豆は水で戻すと2.2倍ほどになる。これを目安に乾燥豆を用意する。

チアエッグのつくりかた

チアシードをミルでパウダー状にする。小さなボウルに水と一緒に入れ、どろっとしてくるまで10分ほど置いておく。

工場でソーセージをつくる

25ページ以降に紹介した大型マシンは、主に工場でソーセージを生産する
食品加工メーカーで使われている。ここでは、そうした機械を使ったソーセ
ージのつくりかたを紹介しよう。

今回、大型マシンを使わせていただくべくおじゃましました
のは、工場用大型マシンの輸入販売を行い、ラボも併設
している小野商事さん。千葉県市原市の本社内にあるラ
ボには、ミンサー、サイレントカッター、スタッファー、
スモークハウスなど、ソーセージづくりはもとより食肉
加工に必要な機材がずらりとそろえられていた。

下ごしらえから完成まで指導してくださり、マシンにつ
いても事細かに教えてくださったのは、小野商事の昆野
修さん。昆野さんはソーセージづくりのありとあらゆる
ことに精通している。実は昆野さんとは以前から面識が
あり、出会ってからこれまで多くのことを教えていただ
いている。小野商事さんは、ドイツ食肉連盟主催IFFA
日本食肉加工コンテストを開催してもおり、腕試しにと、
大会へのエントリーもすすめてくださったこともある。
師と仰ぐべき人物だ。

本題に戻ろう。つくらせてもらったソーセージは、ポー
クとビーフの2つ。ポークはなめらかな生地の、ビーフ
はあらびき入りのソーセージだ。材料はいずれも肉、脂、
スパイス、塩、氷がメイン。肉をひき肉にする作業から
燻製まで、こだわりつくしてつくられたマシンによる作
業は、肉を最高の状態で加工していくという目的に貫か
れており、自分のラボでつくるソーセージにも活かせる
ことばかりだった。

次のページから工程を追って紹介していくが、2種類の
ソーセージは途中の生地をつくる工程が大きく違うだけ
で、それまでの準備は同じであり、生地をつくったあと
の乾燥と燻製の工程は巨大なスモークハウスで一緒に行
うため、ふたつを一緒に紹介することにする。

完成したソーセージは、いずれも皮はパリッとハリがあ
り、ポークはなめらかなテクスチャーのなかに豚肉本来
の甘味を感じるものに、ビーフはあらびきの食感とジュ
ーシーさがクセになるおいしさに仕上がっていた。最後
に、この場を借りて、細やかにコツやポイントを伝授し
てくださった昆野さんに改めて心からのお礼と感謝を伝
えたい。

小野商事さんで取り扱っているドイツのソーセージ用スパイスと岩塩。左から順にウインナー、
デブレツィーナ、フランクフルター、カイザーヤークルトブルスト、ミュンヘナーバイスヴルス
ト、岩塩。

完成ソーセージ

ビーフソーセージ（上の左）
とポークソーセージ（上の右）。
ポークソーセージの肉質は見
た目もなめらか（右下）。ビー
フソーセージは均等にあら
びき肉が混ぜあわせられてい
る（右上）。

材料
【ビーフソーセージ】	
牛肉（脂を含む）	8.5kg
スパイス	50g
岩塩	160g
氷	1.5kg
リン酸塩、亜硝酸ナトリウム、加工でん粉、乳タンパク	各適量

【ポークソーセージ】	
豚肉（脂を含む）	8kg
スパイス	50g
岩塩	150kg
氷	2kg
リン酸塩、亜硝酸ナトリウム	各適量

肉を用意する

牛肉も豚肉も、脂を取り除きながら、肉をミンサー（P25）に入れるサイズに切り、それぞれ大きな容器に入れておく。

※写真は牛肉。

計量する

1の肉を計量する。

※あらかじめ決めた目指すソーセージの肉と脂の比率にもとづいて計量する。写真は牛肉。

脂を用意する

牛肉も豚肉も、脂をミンサーに入れるサイズに切り、それぞれ大きな容器に入れておく。

※あらかじめ決めた目指すソーセージの肉と脂の比率にもとづき、脂を用意する。写真は牛肉。

計量する

牛肉も豚肉も、2の肉と3の脂をそれぞれひとつの大きな容器に入れて一緒に計量し、分量を確認する。

※写真は牛肉。

ひき肉にする

牛肉も豚肉も、ミンサーに4を入れ、ひき肉にする。

サイレントカッターを冷やす

サイレントカッター（P26）に氷（分量外、適量）を入れ、マシンを冷やす。

※生地を乳化させるためには作業工程を常に低温で行う必要があるため、事前にサイレントカッターを氷で冷やしておく。

7 ソーセージの生地をつくる

BEEF SAUSAGE

① **5**のひき肉をふたつにわける。ひとつに加工でん粉をふりかけ、練らないように注意しながら、底から全体をよく混ぜる。

※加工でん粉は肉がスムーズに結着するように加える。

② **①**の加工でん粉の入っていないほうのひき肉をサイレントカッターに入れ、回転速度を1250回転にセットし、少しまとまるまでまわす。

③ スパイスとリン酸塩、亜硝酸ナトリウム、乳タンパクを加え、3500回転にセットし、粘り気が少し出るぐらいまでまわしたら、氷（800g）を加える。

④ 4500回転にセットし、粘り気が出て、生地の温度が4℃になるまでまわす。途中、カードでマシンの縁や刃についた生地をこそぎ取り、均等に仕上がるようにまわす。

PORK SAUSAGE

サイレントカッターに**5**のひき肉を入れ、回転速度を1250回転にセットし、少しまとまるぐらいにまわす。

スパイスとリン酸塩、亜硝酸ナトリウムを加える。

粘り気が少し出るぐらいまでまわし、氷（1.2kg）を加える。

氷（400g）を加え、2250回転にセットし、カードでマシンの縁や刃についた生地をこそぎ取りながら、氷を全体に混ぜる。

氷（300g）を加え、4500回転にセットし、生地がなめらかになるまでまわす。

220回転にセットして逆回転させ、**5**の加工でん粉入りのひき肉を加え、生地に均等に混ざるようにする。

500回転にセットしてさらにまわす。生地とひき肉がなじんで肉粒が均等に生地に混ざるようにする。

4000回転にセットし、粘り気が出て、生地の温度が4℃になるまでまわす。途中、カードでマシンの縁や刃についた生地をこそぎ取り、均等に仕上がるようにまわす。

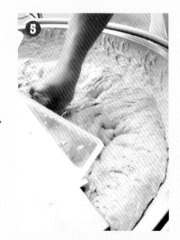

氷（800g）を加え、1250回転にセットし、カードでマシンの縁や刃についた生地をこそぎ取りながら少しまわす。

5000回転にセットし、生地の温度が10℃ぐらいになるまでまわす。

スタッファーに
ケーシングを装着する

あらかじめ水で戻したケーシングを
スタッファー（P27）のチューブに
セットしていく。

生地を詰める

牛肉も豚肉も、片手でケーシングを
先のほうへ送りながら、マシンの下
部についているレバーをひざで押し
て生地を送り出し、ケーシングに詰
めていく。

※写真は牛肉（ビーフソーセージ）。

成形する

ビーフソーセージもポークソーセー
ジも、同じ長さのソーセージになる
ように成形していく。

※写真はビーフソーセージ。

丸棒に吊す

ビーフソーセージとポークソーセー
ジをそれぞれ丸棒に吊す。

※写真はビーフソーセージ。

スモークハウス専用の
移動式棚にセットする

11の丸棒をそれぞれスモークハウ
ス（P28）の移動式棚にセットする。

※写真はビーフソーセージ。

シャワーで水をかける

全体にまんべんなくシャワーで水を
かける。

※仕込む量が多い場合、先にケーシング
に詰めたソーセージと最後に詰めたソー
セージではケーシング表面の乾燥具合が
変わる。このあとの乾燥などの工程を、
すべてのソーセージにおいて均等に行え
るよう、スモークハウスに入れる前に全
体に水をかける。

スモークハウスで乾燥させる

移動式棚をスモークハウスにセットし、ソーセージを50℃で30分乾燥させる。

※乾燥途中で、燻製の準備がはじまる。ソーセージの芯温が低かったり、表面がぬれていたり、乾燥しすぎていてもうまく燻製できないため、乾燥しながらスモークカラーのつきやすい状態に整える。

燻製にする

スモークチップを扉に付属しているマシンに入れ、50℃で20分間燻製にする。

休ませる

ソーセージの状態を安定させるため、スモークハウスに入れたまま10分ほど休ませる。

再び燻製にする

スモークカラーをつけるため、50℃で10分間燻製にする。

蒸し焼きにする

ソーセージの芯温を65〜68℃に上げるため、78℃で25分間蒸し焼きにする。

冷却する

ソーセージの芯温が20℃以下になるまで、スモークハウスに入れたまま冷却する。

※スモークハウス内でしっかり冷やすことで、ソーセージの水分が飛んでかたくなるのを防ぐ。

PART
2

本場アメリカの
ホットドッグを
食べつくせ

本書でも度々ふれてきたように、
ホットドッグの本場はアメリカだ。
広いアメリカを見渡すと、
州や地域ごとに違いが見えてくる。
この章では、アメリカのホットドッグの
個性を形づくっている
20の主なスタイルをピックアップし、
本場の様子を紹介する。

THE AMERICAN HOT DOG MAP
アメリカホットドッグマップ

アメリカでは、ストリートの屋台やスタンド、ダイナー、カジュアルレストランと、さまざまな飲食店でホットドッグが提供されている。それぞれに趣向や工夫をこらしていることから、無数のスタイルがあると言えるが、ここでは大まかに分類し、興味をそそられる20のホットドッグをピックアップしてみた。なかには、州や地域という大きなまとまりではなく、地元で長年愛され続けているレストランや人気ショップのスタイルも取りあげている。そして76ページからは、各地のスタイルに敬意を表し、それぞれのホットドッグを再現したレシピを紹介する。

中西部ウィスコンシン州
アメリカにソーセージを伝えたドイツ移民が大勢暮らした歴史を背景に、ドイツ由来のソーセージと調理法が、同州のホットドッグのスタイルをもたらしている。
＊ブラートヴルスト（P103）

西部ワシントン州
ワシントン州を代表するのはシアトルのスタイル。ホットドッグの歴史がはじまったのは、つい最近のことのようだが、ほかにはないクリームチーズづかいが、確固たるスタイルをつくりあげている。客にすばやく提供することを信条とする屋台で生まれたアイデアがベースになっているというのも、ホットドッグらしくておもしろい。
＊シアトル（P110）

西部カリフォルニア州
同州最大の都市ロサンゼルスのスタイルをピックアップ。グリル野菜が象徴的なスタイルで、西海岸に共通した特徴をもちながらも、野菜のセレクトに個性が見られ、デンジャードッグという通称で親しまれている。
＊ベーコンラップドドッグ（P113）

西部アリゾナ州
メキシコと国境を接する州という土地柄、メキシコが発祥のホットドッグが定番スタイルとなっている。バンズもトッピングも、メキシコに由来する食材でつくられ、まさにメキシコ一色！ 国は違えど、陸続きの世界を感じさせるホットドッグだ。
＊ソノラン（P115）

南部テキサス州
テキサス州の代表とも言うべきスタイルは、ポテトバンズを使うヒューストン。なかでも、グリルドオニオン、フレンチフライオニオン、カレーケチャップ、ハニーマスタードを使うホットドッグが大人気。
＊ヒューストン（P95）

中西部ミシガン州

チリソース（ミートソース）が主役のホットドッグが数あるなかで、ミシガン州のコニーは、使われているひき肉状の牛ハツのソースのつくりかたに個性が光る。オリジナリティあふれるスタイルを形づくっている。
＊コニー（P104）

中西部イリノイ州

フレンチフライの驚きの盛りで人気を博しているジーン＆ジューズ、ポピーシードバンズとグリル野菜づかいが魅力のシカゴ、マケドニアからの移民によって生み出された伝統のマックスウェルストリートポリッシュと、イリノイ州のホットドッグも個性豊か。
＊ジーン＆ジューズ（P98）
＊シカゴ（P99）
＊マックスウェルストリートポリッシュ
（P101）

東部ニューヨーク州

ホットドッグの歴史がはじまったとされるニューヨーク州。今なお誕生当時に思いをはせることのできるシンプルなつくりのホットドッグが愛されている。紹介するのは、世界の雛形とも言える、バンズ、ソーセージ、ザワークラウト、マスタードという不滅のスタイルを誇るニューヨークと、ドイツの白ソーセージであるヴァイスブルストがモデルになったホワイトホット。いずれも歴史を感じるホットドッグだ。
＊ニューヨーク（P77）
＊ホワイトホット（P79）

中西部オハイオ州

チリソースがトッピングされたホットドッグが特徴だが、シンシナティチリとも呼ばれるソースは、アメリカを代表する料理にも選ばれた。目を奪われるチェダーチーズの盛りが、ほかを寄せつけない独自のスタイルを生み出している。
＊シンシナティチリ（P107）

東部マサチューセッツ州

マサチューセッツ州を代表するスタイルは、ニューイングランド。ほかの地域では見られない、ニューイングランドロールというバンズを用いて一大スタイルを築いている。その詳しい物語は後続のページに譲るが、バンズの側面につけられた焼き色が大いに食欲をそそるホットドッグになっている。
＊ニューイングランド（P89）

南部ウェストバージニア州

トッピングの豊富さが特徴的な南部にあって、コールスローをトッピングするのがウェストバージニア州流。また、ほかの地域より肉がたっぷりのチリソースは、カスタードスタンドチリという名であらゆる店で使われている。
＊ウェストバージニア（P91）

東部ニュージャージー州

ニュージャージーは個性的なホットドッグの宝庫。アメリカ全土に広がる影響を与えたテキサスワイナー、そして破壊力抜群のビジュアルとおいしさで知られる老舗レストラン発祥のリッパーとニューアークは、100年ほどの時を経ても色褪せることなく、人々を魅了し続けている。また、アメリカの朝ごはんをホットドッグに盛り込んだようなジャージーブレックファストドッグも要注目。
＊リッパー（P81）
＊ニューアーク（P82）
＊テキサスワイナー（P85）
＊ジャージーブレックファストドッグ（P86）

中西部ミズーリ州

長い間、親しまれているサンドイッチ、ルーベンサンドにならい生まれたホットドッグが、ミズーリ州の顔。さまざまなレシピが見られ、未完成のスタイルだが、地域になじみのある味から発展している様子は、まさにホットドッグが歩んできた姿そのもので、今後どうなるのか目が離せない。
＊カンザスシティ（P109）

南部ジョージア州

ジョージア州で顕著なのは、伝統的なスクランブルホットドッグのスタイル。トッピングに多くのものが使われる南部の傾向に違わず、バリエーションに富んでいる。また、ケチャップをあえて使わない地域が多いなか、ケチャップ容認派の南部らしく、ケチャップも材料にしっかり組み込まれている。
＊スクランブルホットドッグ（P93）

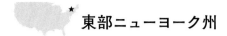東部ニューヨーク州

NEW YORK STYLE

ニューヨーク スタイル

1800年代後半、ニューヨークには、ヨーロッパからの移民が多くたどり着いたことから、ホットドッグの歴史が芽吹いた。そんな街のホットドッグは、今や世界で定番中の定番となっている。ホットドッグとは何かと問われると、だれもが答えるスタイルだ。ビーフソーセージにザワークラウトとマスタードがトッピングされた、とてもシンプルなつくりで、ソーセージの旨味が、ザワークラウトの酸味のアシストを受けながらストレートに伝わる。ザワークラウトにこのホットドッグのルーツ、ドイツからやってきた人々の影響を強く感じるが、ザワークラウトのかわりに、トマトとグリルドオニオンをのせたホットドッグも、この街では愛されている。

材料（ホットドッグ1個分）

ホットドッグバンズ ································· 1個
ビーフソーセージ ································· 1本
ザワークラウト ································· 35g
イエローマスタード ································· 6g

つくりかた

1 鍋に湯（材料外、適量）を80℃に沸かし、ソーセージを入れてなかまでしっかりあたたまるまで7〜8分茹でる。

2 バンズを側面から切り込みを入れてひらき、**1**のソーセージをはさむ。

3 ザワークラウトをのせる。

4 マスタードをかける。

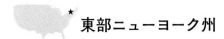 東部ニューヨーク州

WHITE HOT STYLE

ホワイトホット スタイル

ホワイトホットは、主にウェスタンニューヨーク地域やウェスタンニューヨーク、セントラルニューヨークなどの地域で見られるホットドッグのバリエーションのひとつ。ホワイトホットはドイツの白ソーセージ、ヴァイスブルストをモデルにしたもので、1920年代に、ドイツ系のコミュニティで誕生したと言われている。かつては廃棄するような部位を使ったソーセージを用いていたが、今ではむしろ高価な肉からできたソーセージを使うことが多く、一般的なホットドッグよりやや値が張るようだ。ニューヨーク同様、シンプルなつくりながら、白いソーセージにこんがりとついた焼き色が食欲をそそる。

材料（ホットドッグ1個分）

ホットドッグバンズ	1個
白ソーセージ	1本
バーベキューソース	12g
イエローマスタード	5g
オリーブオイル	適量

つくりかた

1 フライパンを中火にかけ、オリーブオイルを入れて熱し、ソーセージを入れて全体に焼き色がつくまで焼く。

2 バンズを側面から切り込みを入れてひらき、**1**のソーセージをはさむ。

3 マスタードとソースをかける。

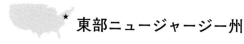

東部ニュージャージー州

RIPPER STYLE
リッパー スタイル

独特のスタイルのホットドッグで知られるニュージャージー州。そのひとつが、ここで紹介するリッパー。州の北部クリフトンにあるレストラン、ラッツ・ハット（Rutt's Hut）の初代オーナーのロイヤル・ラットとアンナ・ラットが発明したと言われている。この店は1928年にオープンしていることから、およそ1世紀にわたって熱い支持を集め続けている。最大の特徴は、油で揚げて破裂した豪快なソーセージ。高温で揚げている最中に、ソーセージ内部の水分と油分が反応し、皮が激しくやぶける。迫力満点の見た目もさることながら、仕上がり具合も外はカリカリ、なかはジューシーと抜群。トッピングはレリッシュだけでシンプルに仕上げる。

材料（ホットドッグ1個分）

ホットドッグバンズ	1個
ポークソーセージ	1本
レリッシュ	30g
オリーブオイル	適量

つくりかた

1 鍋を中火にかけ、オリーブオイルを入れて200℃に熱する。ソーセージを入れて皮がやぶけたら、バットに移して油分をきる。

2 バンズを側面から切り込みを入れてひらき、**1**のソーセージをはさむ。

3 レリッシュをかける。

＊レリッシュ（つくりやすい分量：仕上がり260g）

	キャベツ	120g
A	ニンジン	17g
	玉ねぎ	40g
	薄力粉	1g
	白ワインビネガー	110mℓ
B	ターメリック	1g
	塩	9g
	砂糖	20g

❶フードプロセッサーに**A**をすべて入れ、みじん切りにする。

❷鍋に**❶**とBを入れて混ぜあわせ、中火にかけて10分煮込む。

❸ラップをかけ、冷蔵庫でひと晩寝かせる。

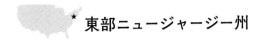 ★ 東部ニュージャージー州

NEWARK STYLE

ニューアーク スタイル

ピタパンのようにひらく大きなピザパンに、ソーセージ2本、揚げた玉ねぎとピーマン、そしてたっぷりのポテトフライがトッピングされた大迫力のホットドッグ。両手で抱えるように持ってちょうどよいサイズであるばかりか、手に伝わる重みがこれまた強烈。イタリアンホットドッグとも呼ばれるこのホットドッグは、1932年に誕生したレストラン、ジミー・バフズ（Jimmy Buff's）のオーナーであるジミー・バフと妻のメアリー・ラシオッピによって生み出され、現地では今なお爆発的な人気を誇る。トッピングやソーセージを減らしても……なんて思うかもしれないが、ソーセージ2本をはじめ、この量と盛りがスタンダード。好みにあわせてケチャップやマスタード、マリナーラソースをかけてもおいしい。

材料（ピザパン1/2枚分）

ピザパン	1/2枚
ポークソーセージ	2本
ジャガイモ（男爵）	180g
玉ねぎ	60g
ピーマン	20g
ひまわり油	適量
ケチャップ、マスタード、マリナーラソース	
	各適宜

つくりかた

1 玉ねぎとピーマンは、食べやすいサイズにスライスする。ジャガイモはチップス状にスライスする。

2 鍋を中火にかけ、油を入れて180℃に熱する。ソーセージ、**1**の玉ねぎ、ピーマン、ジャガイモを揚げ、バットに移して油分をきる。

3 ピザパンを袋状にあけ、**2**のソーセージ、玉ねぎ、ピーマンをつめ、上にジャガイモをのせる。

4 好みにあわせて、ケチャップ、マスタード、マリナーラソースをかける。

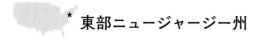

東部ニュージャージー州

TEXAS WIENER STYLE
テキサスワイナー スタイル

チリソース（ミートソース）をトッピングするスタイルは、アメリカ全土に広がる不滅の
スタイルのひとつ。その証拠に、北東部ロードアイランド州では「ニューヨークシステム
ホットワイナー」、中西部ミシガン州では「コニードッグ」、ニューヨーク州北部では「ミ
シガンレッドホット」と名を変え、人々の暮らしに根づいている。ただ、それぞれに違い
も見える。ギリシャからの移民によって生み出されたというテキサスワイナーのチリソー
スはドロっとしたタイプで、ギリシャ風のボロネーゼと言えるべきもの。ギリシャのスパ
イスとトマトで長時間煮込まれ、旨味が凝縮した濃い色のソースとなっている。

材料（ホットドッグ1個分）

ホットドッグバンズ ……………………………… 1個
ビーフソーセージ ………………………………… 1本
テキサスワイナーソース …………………………… 70g
玉ねぎ（4mmのみじん切り、
　　水にさらして水気をきったもの）……………… 3g
イエローマスタード ……………………………… 8g
オリーブオイル …………………………………… 適量

つくりかた

1 フライパンを中火にかけ、オリーブオイルを入
れて熱し、ソーセージを入れて全体に焼き色が
つくまで焼く。

2 バンズを側面から切り込みを入れてひらき、**1**
のソーセージをはさむ。

3 マスタード、玉ねぎ、ソースの順にかける。

＊テキサスワイナーソース
（つくりやすい分量：仕上がり750g）

牛肩ロース肉（ひき肉）…………………………… 450g
玉ねぎ（みじん切り）……………………………… 200g
ニンニク（みじん切り）………………………… 1と1/2片分
塩 …………………………………………………… 5g
黒こしょう ………………………………………… 1g
オリーブオイル …………………………………… 適量

A	チリパウダー	12g
	オールスパイス	5g
	パプリカ	2g
	シナモン	1g
B	トマトペースト	80g
	ケチャップ	100g
	リンゴ酢	5㎖
	ウスターソース	20㎖
	水	200㎖

❶ フライパンを中火にかけ、オリーブオイルを入れて熱し、
玉ねぎを入れ、しっかりあめ色になるまで15分ほど炒め、
ニンニクを加えてさらに1分炒める。

❷ 肉を加え、全体にしっかり焼き色がついて鍋底に焼き目
がこびりつくまで12分ほど焼く。

❸ **A**を加えてなじむまで混ぜあわせる。

❹ **B**を加え、**❷**の焼き目を溶かしながらよく混ぜあわせる。

❺ 弱火にし、蓋をせずに2時間煮込む。

❻ 塩とこしょうをふって混ぜる。

※ソースがかたくてとろみが足りない場合、水（分量外、適量）
を加える。

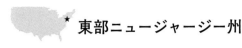東部ニュージャージー州

JERSEY BREAKFAST STYLE

ジャージー ブレックファストドッグ スタイル

ホットドッグを片手に通勤、そんな姿を映画やドラマで見かけたことがあるだろう。ニュージャージー州や東海岸のほかの地域では、アメリカの朝ごはんをホットドッグにしたようなスタイルがある。それが、このジャージーブレックファストドッグ。目玉焼き、チーズ、ベーコン、ソーセージといった朝食の定番が集結している。ベーコンを巻きつけて揚げたソーセージにトロトロに溶けたチーズをかけて目玉焼きをのせるタイプや、目玉焼きをスクランブルエッグにするケースもあり、ショップによってさまざまなバリエーションがある。ここではスタンダードなタイプを紹介。アメリカの朝を感じてほしい。

材料（ホットドッグ1個分）

ホットドッグバンズ	1個
ポークソーセージ	1本
ベーコン	1枚
チェダーチーズ（スライス）	1枚
卵	1個
オリーブオイル、黒こしょう	各適量

つくりかた

1 フライパンを中火にかけ、オリーブオイルを入れて熱し、ソーセージとベーコンを入れて全体に焼き色がつくまで焼く。

2 別のフライパンを中火にかけてしっかり熱し、オリーブオイルを入れ、卵を落として両面焼きの目玉焼きにする。

3 バンズを側面から切り込みを入れてひらき、チーズをのせ、トースターでチーズがとろけるまで焼く。

4 **3**のバンズに**1**のソーセージとベーコン、**2**の目玉焼きをのせ、こしょうをふる。

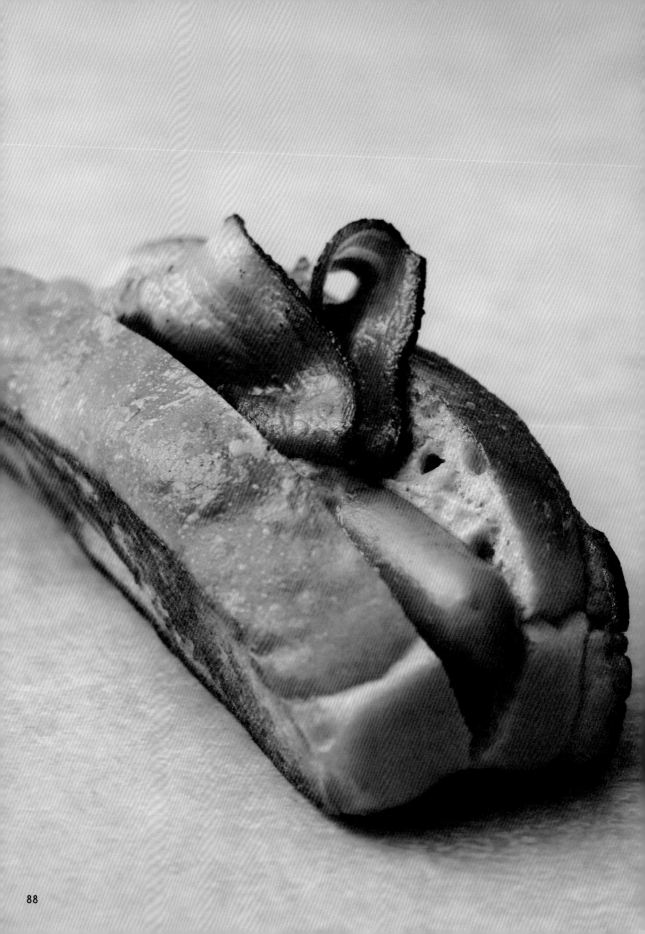

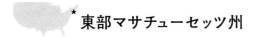東部マサチューセッツ州

NEW ENGLAND STYLE

ニューイングランド
スタイル

ニューイングランド最大の特徴はバンズ。ニューイングランドロールと呼ばれ、大きな型に生地を5つほど入れて焼き、切り離して使うタイプであるため、側面が平ら。1940年代に貝ひものフライ、クラムストリップをたっぷりはさんでも直立するバンズがほしい！と、レストランオーナーのハワード・ジョンソンとベーカリーメーカーJ.J.ニッセンが共同開発して誕生したという。ほかのホットドッグのように側面からではなく、上面から切ってソーセージをはさむ。トッピングは、ザワークラウト、ベーコン、マスタード、スイートレリッシュ、きざんだ玉ねぎなど、シンプルなものが多い。ちなみに、このバンズはロブスターをはさむロブスターロールにも使われている。

材料（ホットドッグ1個分）

ニューイングランドロール	1個
ポークソーセージ	1本
ベーコン	1枚
イエローマスタード	6g
バター	15g
オリーブオイル	適量

つくりかた

1 フライパンを中火にかけ、オリーブオイルを入れて熱し、ソーセージとベーコンを入れて全体に焼き色がつくまで焼く。

2 バンズを上面から切り込みを入れてひらく。

3 別のフライパンを中火にかけ、バターを入れて溶かし、**2**のバンズの側面（クラム）を焼く。

4 **3**のバンズに**1**のソーセージをはさみ、ベーコンをのせ、マスタードをかける。

★ 南部ウェストバージニア州

WEST VIRGINIA STYLE

ウェストバージニア スタイル

塩味の効いたソーセージに、冷たくてクリーミーでシャキシャキしたコールスローをトッピングしたホットドッグは、南部のスタイルのひとつ。コールスローの下には、肉々しいチリソース（ミートソース）がたっぷり！ この地域のチリソースは、肉のほかに豆や野菜が入った一般的なものとは異なり、肉がふんだんに使われている。地元の有名なレストランの店名そのままに、カスタードスタンドチリ（Custard Stand Chili）という名で呼ばれ、地元では絶対的な存在。多くのホットドッグショップがこのチリソースを使っているばかりか、パック詰めされたものを購入することもできる。コールスローの酸味もソーセージの旨味を引き立てているので、チリソースともどもたっぷりかけてほしい。

材料（ホットドッグ1個分）

ホットドッグバンズ ……… 1個
ビーフソーセージ ………… 1本
チリソース …………………… 60g
コールスロー ………………… 60g
イエローマスタード ……… 8g
玉ねぎ（4mmのみじん切り、
　　水にさらして水気をきった
　　もの）………………………… 2g

つくりかた

1 鍋に湯（材料外、適量）を80℃に沸かし、ソーセージを入れてなかまでしっかりあたたまるまで7〜8分茹でる。

2 バンズを側面から切り込みを入れてひらき、**1**のソーセージをはさむ。

3 ソースとマスタードを順にかけ、玉ねぎとコールスローを順にのせる。

*チリソース
（つくりやすい分量：仕上がり750g）

牛肩ロース（ひき肉）………… 450g
玉ねぎ（みじん切り）………… 120g
塩 ………………………………………… 4g
黒こしょう ………………………… 少々
オリーブオイル ………………… 適量

A	ブラウンシュガー	3g
	チリパウダー	12g
	ガーリックパウダー	4g
B	リンゴ酢	15mℓ
	ホットソース	5mℓ
	トマトペースト	50g
	ケチャップ	70g
	水	150mℓ

❶ フライパンを中火にかけ、オリーブオイルを入れて熱し、玉ねぎを入れて透明になるまで5分ほど炒める。

❷ 肉を加え、火が入るまで7分ほど炒める。

❸ **A** を加えてなじむように混ぜあわせる。

❹ **B** を加えてなじむように混ぜあわせる。

❺ 弱火にし、蓋をせずに40分煮込む。

❻ 塩とこしょうをふって混ぜる。
　※ソースがかたくてとろみが足りない場合、水（分量外、適量）を加える。

*コールスロー
（つくりやすい分量：仕上がり206.2g）

キャベツ（スライス）………… 120g
玉ねぎ（おろしたもの）……… 20g
マヨネーズ ………………………… 50g
生クリーム ………………………… 12mℓ
レモン果汁 ………………………… 3mℓ
塩 ………………………………………… 1g
白こしょう ………………………… 0.2g

ボウルにすべての材料を入れて混ぜあわせ、ラップをかけて冷蔵庫で6時間寝かせる。

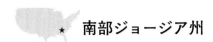

★ 南部ジョージア州

SCRAMBLED HOT DOG STYLE

スクランブルホットドッグ スタイル

スクランブルホットドッグも南部の伝統的スタイル。南部ではトッピングに多くのものが使われ、ソーセージの上にたっぷりとのせる傾向があるが、こちらもチリソース（ミートソース）、玉ねぎ、チーズ、オイスタークラッカー、マスタードとてんこ盛り。また、アメリカではケチャップが御法度という地域があるなか、南部ではOKで、このホットドッグにもしっかり使われている。具だくさんなホットドッグなので、ナイフとフォーク、スプーンを使って食べることも多い。

材料（ホットドッグ1個分）

ホットドッグバンズ ················ 1個
ポークソーセージ ················ 1本
チリソース（P91） ················ 70g
玉ねぎ（4mmのみじん切り、水にさらして
　水気をきったもの） ··············· 3g
オイスタークラッカー* ·············· 4g
プロセスチーズ（シュレッド） ········· 4g
イエローマスタード ················ 5g
ケチャップ ······················ 5g
ピクルス（スライス） ··············· 3枚

つくりかた

1 鍋に湯（材料外、適量）を80℃に沸かし、ソーセージを入れてなかまでしっかりあたたまるまで7〜8分茹でる。

2 バンズを側面から切り込みを入れてひらき、**1**のソーセージをはさむ。

3 マスタードを塗って玉ねぎをのせ、ソースとケチャップを順にかけ、クラッカーとチーズをのせてピクルスを添える。

＊直径15mmほどの小さなソルトクラッカー。

HOUSTON STYLE
ヒューストン スタイル

ヒューストンの最大の特徴はポテトバンズ。ここでは、現地で人気の韓国系ショップ、ヨヨズ・ホットドッグ（Yoyo's Hotdog）風のホットドッグを紹介する。このホットドッグは、トーストしたあとにクリームチーズを塗ったバンズ、グリルドオニオン、フライドオニオン、カレーケチャップ、ハニーマヨネーズがトッピングされてジャンクさ満点。ホットドッグらしい一面を感じさせる。また、唐辛子の辛味とニンニクの旨味、酸味の効いたチリソースであるシラチャーソースは、アメリカで人気のホットソースで、ここでも大活躍。クリームチーズは酸味が少ないもののほうがあわせやすいため、クレームドゥーブルなどで代用しても。

材料（ホットドッグ1個分）

ポテトバンズ 1個
ビーフソーセージ 1本
グリルドオニオン 40g
クレームドゥーブル 25g
フライドオニオン 2g
カレーケチャップ 8g
ハニーマヨネーズ 6g
シラチャーソース 8g
オリーブオイル .... 適量

つくりかた

1 フライパンを中火にかけ、オリーブオイルを入れて熱し、ソーセージを入れて全体に焼き色がつくまで焼く。

2 トースターにバンズを入れ、焼き色がつくほどにトーストする。

3 バンズに側面から切り込みを入れ、断面にクレームドゥーブルを塗り、**1**のソーセージをはさむ。

4 カレーケチャップをかけ、グリルドオニオンをのせる。

5 ハニーマヨネーズとシラチャーソースをかけ、フライドオニオンをのせる。

*グリルドオニオン
（つくりやすい分量：仕上がり200g）

玉ねぎ（くし形切り） 300g
チキンストック（P162） 110mℓ
塩 2g
オリーブオイル .... 適量

❶ フライパンを中火にかけ、オリーブオイルを入れて熱し、玉ねぎを入れて塩をふり、焼き色がつくまで焼く。

❷ チキンストックを加え、あめ色になり、少しペースト状になるまで加熱する。

*ハニーマヨネーズ
（つくりやすい分量：仕上がり250g）

マヨネーズ 200g
ハチミツ 50g

ボウルにすべての材料を入れて混ぜあわせる。

*カレーケチャップ
（つくりやすい分量：仕上がり87g）

ケチャップ 80g
ターメリック 0.5g
クミン 1g
カレーパウダー 3.5g
ウスターソース 2mℓ

ボウルにすべての材料を入れて混ぜあわせる。

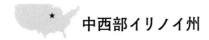

中西部イリノイ州

GENE & JUDE'S STYLE

ジーン＆ジューズ スタイル

photo：P96

ジーン＆ジューズ（Gene & Jude's）は、リバーグローブにある絶大な人気を誇るホットドッグの名店。バンズが見えないくらい山盛りにフレンチフライがトッピングされたホットドッグ、ホットドッグ・ウィズ・フライズ（Hot Dog with Fries）で知られ、イリノイ州を代表するスタイルと言える。ポテトの多さに度肝を抜かれるが、驚くにはまだ早い。バンズにフレンチフライにソーセージと、いわゆる高カロリー極まりない背徳の絶品グルメなのだ。ただ、玉ねぎやレリッシュ、マスタードがアクセントになって、モリモリ食べられる。食べ応えが十二分にあり、満足感も半端なく高い！

材料（ホットドッグ1個分）

ホットドッグバンズ	1個
ビーフソーセージ	1本
フレンチフライ	150g
イエローマスタード	8g
玉ねぎ（4mmのみじん切り、水にさらして水気をきったもの）	5g
レリッシュ	8g
スポーツペッパー	1本
オリーブオイル	適量

つくりかた

1 フライパンを中火にかけ、オリーブオイルを入れて熱し、ソーセージを入れて全体に焼き色がつくまで焼く。

2 バンズを側面から切り込みを入れてひらき、**1**のソーセージをのせる。

3 マスタードを塗り、レリッシュと玉ねぎをのせる。

4 フレンチフライをのせ、スポーツペッパーを添える。

＊フレンチフライ
（ホットドッグ1個分：仕上がり150g）

ジャガイモ	220g
塩	1.5g
ひまわり油	適量

❶ ジャガイモを皮つきのままフレンチフライカッターでカットする。
※1cm角ほどの拍子木切りにしてもOK。水にさらさないように注意。

❷ 鍋に油を入れ、中火にかけて140℃に熱する。❶のジャガイモを入れて7分ほど揚げ、バットに移して油分をきり、火をとめる。ジャガイモが常温に戻るまで40分ほどおいておく。

❸ 鍋を再び中火にかけ、200℃に熱する。❷のジャガイモを入れ、きつね色になるまで揚げる。バットに移して油分をきる。

❹ 塩をふりかけ、よく混ぜる。

CHICAGO STYLE
シカゴ スタイル

photo：P97

シカゴのホットドッグはポピーシードつきのバンズを蒸して使うスタイル。ポピーシードはバンズの個性を引き立たせるアクセントになって、多くの素材をまとめてくれる。そんなわけもあってか、ホットドッグにはめずらしく野菜がごろっと入っている。野菜が存在感たっぷりにトッピングされるとなれば、ソーセージにはパンチが必要。塩味を効かせたソーセージをあわせよう。あくまでも主役はソーセージだ！最後に、ケチャップをトッピングしたいと思ったかもしれないが、シカゴはケチャップを使わないことでも知られ、多くのショップでトッピングされていない。

材料（ホットドッグ1個分）

ホットドッグバンズ	1個
ビーフソーセージ	1本
トマト（スライス）	3枚
レリッシュ	7g
玉ねぎ（4mmのみじん切り、水にさらして 水気をきったもの）	6g
ディルピクルス*	1/2本
スポーツペッパー	2本
イエローマスタード	5g
セロリシード	少々
オリーブオイル	適量

つくりかた

1 フライパンを中火にかけ、オリーブオイルを入れて熱し、ソーセージを入れて全体に焼き色がつくまで焼く。

2 バンズに側面から切り込みを入れる。中火にかけた蒸し器に入れて3分蒸す。

3 2のバンズに1のソーセージをはさむ。

4 トマト、レリッシュ、ピクルスをのせる。

5 マスタードをかけ、玉ねぎをのせ、セロリシードをふりかけ、スポーツペッパーをのせる。

＊ディルで香りづけしたピクルス。

MAXWELL STREET POLISH STYLE
マックスウェル ストリートポリッシュ スタイル

シカゴのマックスウェルストリートマーケットで、マケドニアからの移民によって生み出されたというホットドッグ。揚げたポーランドソーセージに、グリルドオニオンとマスタードをトッピングするのが定番だ。存在感のある大きなホットグリーンペッパーピクルス* をどんと添えたものも見かけるが、ソーセージのおいしさをストレートに伝えるべく、ここではこれまたイリノイ州でおなじみのスポーツペッパーを添えてみた。コンフィをつくるようにグリルした玉ねぎの旨味とともに、絶妙にソーセージをアシストしてくれる。

材料（ホットドッグ1個分）

ホットドッグバンズ	1個
ビーフソーセージ	1本
スポーツペッパー	1本
グリルドオニオン	65g
イエローマスタード	5g
オリーブオイル、塩	各適量

つくりかた

1 フライパンを中火にかけ、オリーブオイルを入れて熱し、ソーセージを入れて全体に焼き色がつくまで焼く。

2 バンズを側面から切り込みを入れてひらき、マスタードを塗り、1のソーセージをはさむ。

3 グリルドオニオンをのせ、スポーツペッパーを添える。

*グリルドオニオン
（つくりやすい分量：仕上がり280g）

玉ねぎ（2mmのスライス）	400g
塩	1.7g
オリーブオイル	適量

大きなフライパンを弱火にかけ、オリーブオイルを入れて熱し、玉ねぎを入れて塩をふり、淡いきつね色になるまで40分ほど炒める。

*緑唐辛子のピクルス。

中西部ウィスコンシン州

BRATWURST STYLE
ブラートヴルスト スタイル

アメリカで最も多くドイツ系の移民がやってきたというウィスコンシン州のホットドッグは、ドイツの生ソーセージであるブラートヴルストを使う。ブラートヴルストはそのまま焼いただけでもホットドッグに仕立てられるが、ビアブラッツ（Beer Brats）というビールで一度煮たあとに色づくまで焼いてつくられたホットドッグが目を引く。ブラートヴルストにビールと、まちがいのない伝統的なペアリングに、どんな風味のホットドッグに仕上がるか期待は高まる。ソーセージ本来の旨味を堪能できるように、トッピングはシンプルに、玉ねぎとブラウンマスタードで仕上げよう。

材料（ホットドッグ1個分）

ホットドッグバンズ（バゲットタイプ） ……… 1個
あらびきソーセージ ………………………… 1本
ビール（360㎖缶） …………………………… 2本
玉ねぎ（スライス） …………………………… 60g
ブラウンマスタード …………………………… 8g
オリーブオイル、塩 ………………………… 各適量

つくりかた

1 鍋を中火にかけ、ビールを入れて沸騰したら弱火にし、ソーセージを入れて10分ほど煮る。

2 フライパンを中火にかけ、オリーブオイルを入れて熱し、玉ねぎを入れて色づくまで炒め、塩で味を調える。

3 **1**のソーセージを**2**のフライパンに入れ、全体に焼き色がつくまで焼く。

4 バンズを側面から切り込みを入れてひらき、マスタードを塗り、**3**のソーセージをはさみ、**2**の玉ねぎをのせる。

103

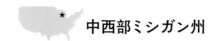

CONEY STYLE
コニー スタイル

チリソース（ミートソース）をトッピングしたホットドッグは定番スタイルのひとつ。先に紹介したテキサスワイナーとはファミリーと言ってよく、コニーのチリソースもギリシャのスパイス、トマトソース、マスタードなどからつくられている。ただ、こちらには、ひいた牛ハツが用いられる点に個性がある。また、テキサスワイナーと比べると汁気が多いため、乳化を促進させるマスタードとくだいたクラッカーを加えてソースに濃度をつけ、濃厚なソースに仕上げる点にも注目したい。そして、ずばりコニーと名のついたソースも特徴的で、牛ハツとチキンの旨味が強くて濃厚だ。このホットドッグのおいしさをストレートに味わうなら、マスタードはかけすぎないようにしよう。

材料（ホットドッグ1個分）

ホットドッグバンズ	1個
ビーフソーセージ	1本
コニーソース	60g
玉ねぎ（4mmのみじん切り、水にさらして 水気をきったもの）	5g
イエローマスタード	5g
オリーブオイル	適量

つくりかた

1 フライパンを中火にかけ、オリーブオイルを入れて熱し、ソーセージを入れて全体に焼き色がつくまで焼く。

2 バンズを側面から切り込みを入れてひらき、**1**のソーセージをはさむ。

3 ソース、マスタードを順にかけ、玉ねぎをのせる。

*コニーソース
（つくりやすい分量：仕上がり800g）

牛ハツ（ひいたもの）	250g
牛肩ロース肉（ひき肉）	200g
クラッカー	4枚
チキンストック（P162）	300mℓ
ラード	60g
塩	6g
黒こしょう	1g

	チリパウダー	3g
	パプリカ	4g
	ターメリック	2g
	クミン	1g
A	オニオンパウダー	1g
	ガーリックパウダー	1g
	クローブ	0.2g
	イエローマスタード	10g
	ケチャップ	80g

❶クラッカーは、パウダー状にくだいておく。

❷鍋を中火にかけ、ラードを入れて熱し、牛ハツと肉を入れて、茶色に色づくまで煮込む。

❸❶を加え、ゴムベラでつぶしながら、ピュレ状になるまで煮込む。

❹**A**を加えて混ぜ、10分ほど煮込む。

❺チキンストックを加え、弱火にして2時間ほど煮込む。

❻1/3量ほどをミキサーに入れてピュレ状にし、鍋に戻して塩とこしょうをふって混ぜる。

※ソースがかたくてとろみが足りない場合、水（材料外、適量）を加える。

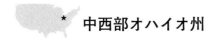

CINCINNATI CHILI STYLE
シンシナティチリ スタイル

シンシナティチリとは、牛肩ロースのひき肉と地中海風のスパイスを煮込んだチリソース（ミートソース）。このソースのルーツもまた、マケドニアからの移民にあるという。シンシナティチリは、ホットドッグだけでなくパスタでも楽しまれており、シンシナティの名物であるばかりか、2013年には雑誌『スミソニアン』にてアメリカを象徴する20大料理に選ばれてもいる。話題に事かかないチリソースだが、ホットドッグにおいては、大量にトッピングされたチェダーチーズにも注目してほしい。豪快なビジュアルを支えるチェダーは、プロセスチーズなどでも代用できるが、色味にこだわってチェダーを使ってほしい。ただし、これだけの量なので、こってりしたタイプのチェダーは避けたい。

材料（ホットドッグ1個分）

ホットドッグバンズ	1個
ビーフソーセージ	1本
シンシナティチリ	50g
チェダーチーズ（シュレッド）	60g
玉ねぎ（4mmのみじん切り、水にさらして 水気をきったもの）	15g
オリーブオイル	適量

つくりかた

1 フライパンを中火にかけ、オリーブオイルを入れて熱し、ソーセージを入れて全体に焼き色がつくまで焼く。

2 バンズを側面から切り込みを入れてひらき、**1** のソーセージをはさむ。

3 シンシナティチリをかける。

4 玉ねぎをのせ、チーズをかける。

＊シンシナティチリ（つくりやすい分量：仕上がり800g）

牛肩ロース肉（ひき肉）		450g
玉ねぎ（みじん切り）		200g
ニンニク（みじん切り）		2片分
ラード		45g
ブラウンシュガー		6g
塩		9g
A	チリパウダー	7g
	クミン	4g
	パプリカ	2g
	オールスパイス	1g
	シナモン	1g
	カイエンペッパー（フレーク）	少々
	黒こしょう	1g
	ベイリーフ	1枚
B	トマト（ホール、缶詰）	200g
	水	300mℓ
	ウスターソース	35mℓ
	イエローマスタード	15g
	リンゴ酢	5mℓ

❶ 鍋を中火にかけ、ラードを入れて熱し、玉ねぎとニンニクを入れてやわらかくなるまで煮込む。

❷ **A**を加え、こげないように時折混ぜながら1分ほど煮込む。

❸ **B**を加えてよく混ぜ、沸騰するまで煮込む。

❹ 弱火にして肉を加え、蓋をして1時間ほど煮込む。

❺ 蓋をはずしてベイリーフを取り出し、濃度がつくまで20分ほど煮詰める。

❻ 塩と砂糖を加えて混ぜる。

KANSAS CITY STYLE
カンザスシティ スタイル

カンザスシティのスタイルは、ライ麦パンにコンビーフやザワークラウト、グリュイエールチーズ、ロシアンドレッシングをはさんだホットサンド、ルーベンサンドのオマージュとしてつくられたと言われている。バーベキューソースを使ったホットドッグも見られることから、完全にスタイルが確立しているとは言えないようだ。ここでは一般的なスタイルで紹介する。グリュイエールチーズ、コンビーフ、ソーセージというタンパク質に、ザワークラウトとサウザンアイランドドレッシングの酸味をどう組みあわせるかがポイント。全体的に水分の多いトッピングのため、バンズはあえて焼き目をつけて香ばしさを出そう。

材料（ホットドッグ1個分）

ホットドッグバンズ	1個
ポークソーセージ	1本
サウザンアイランドドレッシング	40g
コンビーフ	25g
ザワークラウト	35g
グリュイエールチーズ（スライス）	2枚
オリーブオイル	適量

つくりかた

1　フライパンを中火にかけ、オリーブオイルを入れて熱し、ソーセージを入れて全体に焼き色がつくまで焼く。

2　別のフライパンを中火にかけて熱し、側面から切り込みを入れてひらいたバンズのクラムをあてて焼き色がつくまで焼く。

3　2のバンズにチーズをのせる。

4　1のソーセージをのせる。

5　コンビーフ、ザワークラウトをのせ、ドレッシングをかける。

*サウザンアイランドドレッシング
（つくりやすい分量：仕上がり335g）

玉ねぎ（みじん切り）	30g
マヨネーズ	200g
ケチャップ	50g
レリッシュ	40g
レモン果汁	15mℓ

ボウルにすべての材料を入れて混ぜあわせる。

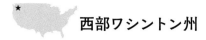
★ 西部ワシントン州

SEATTLE STYLE
シアトル スタイル

シアトルのホットドッグの歴史は、ほかの地域に比べると圧倒的に浅い。1980年代後半から1990年代前半にパイオニアスクエア地区で、1990年代のグランジムーブメントが起き、バー周辺のストリートに屋台としてホットドッグを売る店が現れ、誕生したという。使われるソーセージはポーランド産が一般的で、屋台では、早く焼けることから中央からふたつに切ってグリルされることが多い。また、クリームチーズがたっぷり使われている点にも注目してほしい。これもスピード感を重視してのことだが、トッピングとソーセージ、バンズをまとめあげながら、オリジナルティあふれるビジュアルづくりに大きく貢献している。少し刺激がほしいなら、ハラペーニョソース（P115）をひとふりしよう。

材料（ホットドッグ1個分）

ホットドッグバンズ	1個
ビーフソーセージ	1本
クリームチーズ	35g
玉ねぎ（5mmのスライス）	50g
ピーマン	18g
ニンジン	5g
青ネギ	3g
ハラペーニョ	1/2個
塩、黒こしょう	各少々
オリーブオイル	適量

つくりかた

1 フライパンを中火にかけ、オリーブオイルを入れて熱し、ソーセージを入れて全体に焼き色がつくまで焼く。

2 別のフライパンを中火にかけ、オリーブオイルを入れて熱し、玉ねぎ、ピーマン、ニンジン、ハラペーニョを入れて塩をふり、焼き色がつくまで焼き、こしょうをふって混ぜる。
※あまり動かさずに焼く。

3 バンズを側面から切り込みを入れてひらき、**1**のソーセージをはさみ、クリームチーズを塗る。

4 **2**の野菜をのせ、青ネギを添える。

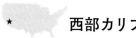
西部カリフォルニア州

BACON WRAPPED DOG STYLE
ベーコンラップドドッグ
スタイル

カリフォルニア州の最大都市ロサンゼルスの顔というべきホットドッグが、このベーコンラップドドッグ。危険なおいしさのホットドッグという意味で、通称デンジャードッグ（Danger Dog）と呼ばれ、地元の人々に愛されている。コンサートやスポーツイベントのほか、バーなど深夜営業の店先で、ステンレス製のオーブントレイにのせてソーセージを焼く様子は、ロサンゼルスの風物詩とも言える。先に紹介したシアトルもそうだが、グリルした野菜がトッピングされるのは西海岸の特徴だ。また、ケチャップを使っている点も、ほかの地域との違いを感じさせる。玉ねぎやパプリカは、かなり焼き色をつけたほうが、このホットドッグにマッチする。

材料（ホットドッグ1個分）

ホットドッグバンズ	1個
ビーフソーセージ	1本
ベーコン	1枚
玉ねぎ（くし形切り）	70g
パプリカ（赤、黄）	各30g
ケチャップ	7g
マヨネーズ	15g
マスタード	10g
塩、黒こしょう	各少々
オリーブオイル	適量

つくりかた

1 ソーセージにベーコンを巻く。

2 フライパンを中火にかけ、オリーブオイルを入れて熱し、1のソーセージを入れて全体に焼き色がつくまで焼く。

3 別のフライパンを中火にかけ、オリーブオイルを入れて熱し、玉ねぎとパプリカを入れて塩をふり、焼き色がつくまで焼き、こしょうをふって混ぜる。
※あまり動かさずに焼く。

4 バンズを側面から切り込みを入れてひらき、2のソーセージをはさむ。

5 3の野菜をのせる。

6 ケチャップ、マヨネーズ、マスタードをかける。

SONORAN STYLE
ソノラン スタイル

アリゾナのホットドッグはメキシコのパン、ボリージョを使う。ボリージョにベーコンの巻かれたソーセージをはさみ、中南米原産のウズラ豆であるピント豆、玉ねぎ、トマト、マヨネーズ、マスタード、ハラペーニョソースをトッピングするのが定番。ボリージョはバゲットを小さくしたようなパンで、小麦でパンがつくられはじめた頃に誕生したと言われている。ソノランという名もこのスタイルのホットドッグが誕生した、アリゾナに隣接するメキシコのソノラ州に由来する。何から何までメキシコ色の強いホットドッグだ。

材料（ホットドッグ1個分）

ボリージョロール ……………………………… 1個
ポークソーセージ ……………………………… 1本
ベーコン ………………………………………… 1枚
ピント豆（水煮） ………………………………… 8g
トマト（4mmのみじん切り） …………………… 10g
玉ねぎ（4mmのみじん切り、水にさらして
　水気をきったもの） …………………………… 5g
ワカモレ ………………………………………… 35g
マヨネーズ ……………………………………… 5g
ケチャップ ……………………………………… 5g
マスタード ……………………………………… 3g
ハラペーニョソース …………………………… 6g
オリーブオイル ………………………………… 適量

つくりかた

1 ソーセージにベーコンを巻く。

2 フライパンを中火にかけ、オリーブオイルを入れて熱し、**1**のソーセージを入れて全体に焼き色がつくまで焼く。

3 バンズを上面から切り込みを入れてひらき、**1**のソーセージをはさむ。

5 玉ねぎ、トマト、豆をのせる。

4 ソース、ワカモレ、ケチャップ、マヨネーズ、マスタードをかける。

*ワカモレ（つくりやすい分量：仕上がり156g）

アボカド（小、皮と種を取ったもの） ……… 116g
紫玉ねぎ（みじん切り） ………………………… 18g
青唐辛子（みじん切り） ………………………… 1g
パクチー（粗みじん切り） ……………………… 3g
ライム果汁 ……………………………………… 6ml
オリーブオイル ………………………………… 13ml
塩 ………………………………………………… 1g

ボウルにすべての材料を入れて混ぜあわせる。

*ハラペーニョソース
　（つくりやすい分量：仕上がり92g）

ハラペーニョ（または青唐辛子、みじん切り）
………………………………………………… 30g
玉ねぎ（みじん切り） …………………………… 15g
ニンニク（みじん切り） ………………………… 10g
白ワインビネガー ……………………………… 30ml
レモン果汁 ……………………………………… 5ml
塩 ………………………………………………… 2g

ボウルにすべての材料を入れて混ぜあわせる。

PART

3

オリジナルドッグを
考える

料理に定番メニューがあるように、ホットドッグにも
定番メニューはある。しかし、もとをたどれば、
だれかが生み出したオリジナルドッグだ。
つくり手はみな、長く愛されるおいしいひと品を
つくりたいと日々奮闘している。
この章では、オリジナルドッグについて考えるとともに、
その実例として、先に紹介したソーセージごとに
オリジナルドッグをつくってみたいと思う。

オリジナルドッグの発想と組み立て

ホットドッグは料理だ。ただ歴史からもわかるように、生まれも育ちも高級料理ではない。また、バンズにソーセージをはさんだだけで、ホットドッグができあがる。つまり、堅苦しいルールなどなく、バンズとソーセージがあれば、あとは自由に発想して組み立ててよいのだ。

どう考えはじめるか

オリジナルドッグをどう考えていくかについて改めて向きあうと、ふたつのアプローチからレシピを考えているようだ。ひとつは、「こんなホットドッグがあったら食べたいし、おもしろい」と直感的に思いついて形にしていく「ひらめきパターン」と、ある食材からさまざまな組みあわせを模索していく「食材構築パターン」だ。

ひらめきパターンは、思いがけず出会ったり、改めて食べて印象に残った料理やデザートに触発されることが多く、時には科学やアートといった一見関係のないものからも刺激を受け、ひらめきをもとにおいしいホットドッグがつくれるかどうかを検証していく。食材構築パターンはというと、はじめて出会ったり、おもしろさを再認識した食材、旬の食材など、使ってみたい食材を軸に考えていく。

いずれの場合も、バンズとソーセージを一旦、パンと肉というシンプルな食材に置き換えて考えはじめる。食材や料理をありのままの状態で見つめ直すことで、ホットドッグという概念にとらわれすぎない、

料理としての組みあわせに視点が向けられ、さまざまな可能性を検討しやすくなっていくからだ。また、完全にどちらかだけのパターンでレシピができることはない。出発点は違うが、徐々にひとつの道に統合されて構築されていく。

商品化するためのコスト

ホットドッグが安価なファストフードであることには賛成だ。しかし、安価に提供するには、それなりの環境が整っている必要がある。アメリカを見てみるとよくわかる。アメリカの場合、豚肉や牛肉が日本より安価に流通しており、材料のコストが抑えられるうえ、最も庶民的な食べ物として国民に認知され、そうした価値観を共有した多くの企業がホットドッグ産業に携わり、屋台やスタンドの業者が消費者にホットドッグを安価に提供できる仕組みができあがっている。日本ではなかなかそうはいかない。ましてや手づくりのソーセージを使い、トッピングにも気を使ってホットドッグをつくるとなると、当然コストはかかる。シンプルにつくれば、ある程度価格を下げることは可能だろうが、利益を生むためには、しっかりとした価値のあるホットドッグをつくり、それなりの価格で販売する必要がある。ハンバーガーがグルメバーガーとして高級ハンバーガーの地位を築いている一方で、ホットドッグはまだそこまで至っていないが、高級ハンバーガーと同様の高価格帯で販売するのもひとつの選択だ。

シンプルなホットドッグでもこだわってつくられた

バンズ   ソーセージ

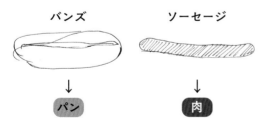

↓   ↓

パン   肉

よりシンプルな食材に置き換えて考えると、
組みあわせをイメージしやすい。

ものは、バンズとソーセージだけでかなりのコストになっている場合が多く、以前、TRAILERにて営業していた際に、あらびきソーセージにチリをかけてチェダーチーズをのせたチリチェダーを1200円で販売して人気を得ていたが、ホットドッグとしては高額な部類に入るにもかかわらず、原価率が高くコストを圧迫していた経験がある。よりシンプルにバンズとソーセージのおいしさを表現したブランディングが確立されていれば、トッピングのコストを抑えられ、価格も下げられるだろうが、そのためにはきちんとホットドッグのバンズやソーセージの価値が伝わる必要があり、SNSなどを駆使してPRしていくこともホットドッグづくりの一部となってきている。

イベントでのホットドッグの販売

イベントでは、店舗営業よりも迅速にホットドッグを提供していく必要がある。店のまわりに漂うソーセージが焼ける匂いやホットドッグをほおばる人々といった食欲をそそる光景に引かれ、ホットドッグを注文する客は現れる。そして注文したホットドッグがサッと出てきて、その人がおいしそうにほおばる姿を見て、また新たにホットドッグを注文する客が現れる。イベントでは、こんな好循環を生み出すことが大切だ。活気のある店には、自然と客が寄ってきて、店と客のグループ感が次々と客を呼び込んでくれる。

好循環を生み出すためには、1日の売り上げ目標を設定したのち、店舗営業とは異なる角度から食材の確保や保管のしかた、オペレーション、メニューを構築していくことが重要だ。

イベントは規模が大きくなるにつれ、用意するバンズやソーセージの確保だけでもかなりの作業になる。ソーセージは、手づくりができないくらいの本数になれば、委託製造（OEM）を依頼して本数を確保

しなければならない。また、普段の製造量より多くのホットドッグをつくることになれば、品質を確保するとともに一層衛生面に配慮したい。食材の保管環境の衛生面についても同様だ。ソーセージは冷蔵または冷凍での保管が必須だが、1本のサイズがさほど大きくないので、1000本以上でもそこそこの冷蔵・冷凍設備があれば保管できる。しかし、バンズはかさばることから1000個の規模になると保管の方法と場所がかなり限定される。保管環境を考えれば、1日の売り上げ目標数と大きく変わらないぐらいで発注し、販売当日に使いきってしまうのがベストだ。

オペレーションに関しては、こうしたことを踏まえ、メニューを絞ることが非常に重要で、さまざまな種類のホットドッグを提供したくなる気持ちをぐっとこらえて、最小限のメニュー構成にすることが、在庫ロスを抑えつつ作業を円滑に進める鍵になる。よって、販売価格はあまり高額にはできないため、こだわってつくるホットドッグをメニューに組み込むには無理があり、こうしたホットドッグは店舗としてブランディングを構築した上で販売するほうが向いていると言える。イベントにはシンプルでおいしいホットドッグがふさわしい。

さらに絞られたメニューをつくる工程を、どれだけ簡略化できるかもポイントになる。販売も、慣れない環境で行うことから、よりシンプルに動線を築くよう心がけたい。具体的には、いつでも客に対応できるように、ソーセージは焼いておいて鉄板の上に並んでいる状態が望ましく、トッピングのソースやマスタード、ピクルスなどはソーセージの並んでいる鉄板から流れをとめないように配置し、スムーズに動けるようにしておく。ホットドッグを提供する際の包装もワックスペーパーのみか、紙のトレーも使うのかといった細かなところまで、イベントの規模を考慮しながら決めておくことが大切だ。

ホットドッグらしさは大事

ホットドッグの概念にとらわれすぎないと言ったものの、ホットドッグでなくてはならないわけで、最高によいアイデアがあったとしても、ギリギリのところでNGになってしまうこともある。食材としての組みあわせがあえば、なんでもよいというわけではない。

ホットドッグに抱くイメージは、ホットドッグが積み重ねてきた歴史と文化から自然と表れ出ているもので、それをだれもが共有していると思う。そうしたホットドッグの概念からは、はずれないように、つまりはホットドッグの歴史と歩みをリスペクトしながら、自分がつくるオリジナルドッグもそれらに連なるようにつくらなければ、ホットドッグでなくなってしまうのではないかと考えている。

ホットドッグに旬は必要か

旬の食材をホットドッグに入れることが必須だとは思わないが、旬のものは味がよいうえ、多く出まわることでコストを抑えられる利点もあることから、取り入れることもある。ニーズもあるとは思う。しかし、旬にこだわりすぎると、ホットドッグである必要が希薄になる可能性もある。

バンズの考えかた

本書でも紹介しているように、いわゆるコッペパンやロールパンのようなバンズだけがホットドッグのバンズではない。レシピが具体的になるにつれ、どんなバンズにするかも重要になってくる。一般的なバンズであっても、大きさや厚さはもちろんクラストやクラムの状態で仕上がりの印象は大きく違ってくる。

バンズは、ソーセージやトッピングと対等の関係に

なることはあっても、これらより優位に立つこと、つまり、バンズを基準にソーセージやトッピングを選ぶことはほぼない。よって、ソーセージやトッピングを考慮して選ぶのがよいだろう。

たとえば、あらびきソーセージのような肉々しさが前面に出ているソーセージのおいしさを伝えたい場合、リーンなバンズがおすすめだ。リッチなバンズでは、バンズ自体の存在感が出てきて、主役が引き立たなくなるからだ。

ただし、ホットドッグによっては、リッチなバンズのほうがよい場合がある。アメリカや日本を見るかぎり、リーンなバンズよりリッチなバンズが使われていて、ひとつのショップで複数のバンズを使いわけていることはほぼ見受けられない。リッチといえども、リーンなバンズより高価ということではないうえ、時間が経ってもかたくなりづらいという特徴がある。つまり、長持ちするというコスト面を含めた利点から選ばれている。バンズだけでなく、ほかの食材に関しても言えることだが、商品として提供する場合は、コスト面を考えることも重要だということを忘れないようにしたい。

ソーセージの考えかた

アメリカのホットドッグは主に、ポークとビーフのふたつのソーセージからつくられているが、この本では、さまざまな考えかたや広い視点からオリジナルドッグを生み出せるように、あらびきソーセージ、白ソーセージ、メルゲーズソーセージ、ブラッドソーセージ、ヴィーガンソーセージのつくりかたも紹介している。

ソーセージはホットドッグの主役だ。どんな肉を使ってソーセージをつくるかで、すべての食材選びが左右される。先に、オリジナルドッグを考えはじめる際に、一旦「肉」として考えると言ったが、考えが進むにつれて、ソーセージに使われている豚肉、

牛肉というように具体的に置き換えていくとよいだろう。そして、この肉の種類と同じくらい重要なのが、エマルジョンソーセージなのか、あらびきソーセージなのかという点だ。

エマルジョンソーセージの場合、タンパク質と脂質と水分が乳化しているため、肉の食感はあまり前面には出てこない。そのかわり、バンズやそのほかの食材との親和性が高く、パンチェッタやエビなど個性やインパクトのある食材をあわせた場合も全体をまとめる「つなぎ」の役割を果たしてくれる。一方、あらびきソーセージはあらびき肉をケーシングに詰めただけのシンプルなもので、調理の際は生から焼きあげるため、肉の食感がダイレクトに伝わり、ソーセージであると同時に「肉料理」としての側面が出てくる。食材としての個性が単独でも確立しているため、玉ねぎや葉野菜など料理のサブにまわる食材との相性は非常によく、炒めた玉ねぎとバンズにはさむだけでごちそうになる。

本書で紹介しているソーセージでエマルジョンソーセージは、ポークソーセージ、ビーフソーセージ、白ソーセージ。あらびきソーセージは、あらびきソーセージ、メルゲーズソーセージ、そしてブラッドソーセージもその一種と言える。ヴィーガンソーセージに関しては、主な材料が豆であるため、また別のジャンルと考えるのがよいだろう。各ソーセージの材料と、エマルジョンソーセージなのか、あらびきソーセージなのかを考慮しつつ、食材の組みあわせを考えていこう。

ソーセージはしっかり塩味を効かせる

バンズにソーセージをはさんだあと、さらにトッピングをのせるため、バンズやトッピングの塩味を考慮し、ソーセージの塩味はしっかりと効かせること。バンズとソーセージだけでおいしさがしっかり確立できていないと、何をトッピングしてもおいしいホットドッグにはならず、しまりのないホットドッグになってしまう。ソーセージは少ししょっぱいくらいがよく、塩が効いているからこそトッピングが生きてくる。

動物性タンパク質のトッピングには
エマルジョンソーセージ

たとえばコニーソースのような動物性タンパク質が材料に含まれるチリソース（ミートソース）は、あらびきソーセージにあわせると「ひき肉×ひき肉」になってしまい、ソーセージとソースがともにぼんやりとした印象になってしまう。エマルジョンソーセージのほうが、持ち味を損ねることなく、相乗効果によって旨味が増す。ベーコンやパンチェッタなどの加工肉、ロブスターやエビ、アサリなどの魚介類をトッピングにする場合も同じことが言える。ただし、例外的に牡蠣やうなぎといった一部の個性的な魚介類は、あえてあらびきソーセージにあわせることで、食材どうしの持ち味がおもしろさに変わり、マッチする場合もある。

ブラッドソーセージには脂質と甘味

ブラッドソーセージは、加熱によって少しパサついたテクスチャーになるため、脂質を加えてパサつきを補う必要がある。また、血のにおいへの苦手意識を払拭させるために、甘味を加えることも考えたい。フランス料理では、ブラッドソーセージであるブーダン・ノワールにマッシュポテトとリンゴのピュレを組みあわせるのが定番だが、脂質と甘味を考慮した抜群のペアリングと言える。

トッピングの考えかた

これまで話してきたことをもとに、コストや作業を考慮しながら自由に考えていけばよいだろうが、い

くつか気にとめておいてほしいことがある。次に紹介しよう。

バンズとジャガイモ、炭水化物どうしのおいしさ

炭水化物のパンにジャガイモなどの炭水化物を加えるという、「炭水化物×炭水化物」の組みあわせは、なぜかすごく食欲をそそる。身近にも、ポテトサラダサンド、焼きそばロール、ジャガイモのサモサなどがあり、ブリトーにも米が入っている。満足感が増すだけでなく、何かひと品足りないと感じる時にも「つなぎ」の役割を果たしてくれる。ジャガイモには、フレンチフライ、マッシュポテトなど、さまざまな調理法がある。最善のものを組みあわせてほしい。

肉と魚介類は旨味の相乗効果を期待できる

先に少し触れたが、肉と魚介類を組みあわせると、相乗効果で旨味が増す。同じ動物性タンパク質であるが、魚介類は肉にはない香りやDHAなどの脂肪酸を含むため、お互いが旨味をもちあい、高めあう。あとに紹介するロブスタードッグ（P131）、フライドクラムドッグ（P182）などは、この効果を想定してつくっている。

炒めた玉ねぎの価値

こちらも先に触れたが、ソーセージと玉ねぎは好相性だ。ただし、日本では「炒める」というと、玉ねぎが透き通ってきたら完成の野菜炒めの感覚があるが、ホットドッグにのせる炒めた玉ねぎは全然違う。本場アメリカでは、焼き色がつくまで、いや場合によってはこげるぐらいに炒める。糖質が熱によって化学反応を起こし、褐色物質が生じて格段の甘味と香ばしさが出る、メイラード反応の効果を期待して色づくまで炒めるのだ。そして時には、低温の油で

じっくりと煮るコンフィのように、弱火でゆっくり加熱していくこともある。段々と水分が抜けて薄めのキャメル色になり、甘味がとことん引き出された状態にするのだ。これらの作業は、ホットドッグに盛れるトッピングの量に限りがある点からも非常に重要だ。

しょっぱいものと甘いもの

ハチミツとベーコンで食べるパンケーキ、チョコレートがディップされたポテトチップスのように、しょっぱいものと甘いものの組みあわせはクセになる。あとに紹介するオリジナルドッグでも、ブラウンチーズドッグ（P147）、エルビスドッグ（P176）など、この組みあわせでつくっているので、試しにつくって味わってみてほしい。

フル活用できるトマト

旨味成分であるグルタミン酸を多く含むトマトは、旨味が強い食材であると同時に、酸味と甘味があるパーフェクトと言える食材だ。チリソース（ミートソース）のメイン材料に使ったり、フレッシュなものをただ切ってトッピングするだけでも、全体のバランスが整い、説得力のある仕上がりになる。

プロセスチーズも忘れずに

ホットドッグにチーズをトッピングすることは定番とも言えるが、チーズの個性が強い場合は、それに見あった全体のバランスを考えなくてはならない。本書でも、ブルーチーズやシェーブルチーズなど、個性の強いチーズが登場するが、ベーコンやルッコラなどの香りの強い食材をあわせている。

また、良質でおいしいからといって、ホットドッグにマッチするとは限らない。高品質のチーズに見られるコクがじゃまをすることもある。その点、ナチュラルチーズを原料に溶かしてかためたプロセスチ

ーズは、熟成による味の変化もクセもなく、熱を加えるとよくのびるため使い勝手がよい。大量にかけても味のバランスは損なわれづらく、見た目にも豪華なものになる。そしてコストもさほどかからない。プロセスチーズは優秀な食材なのだ。

デザインして組み立てる

ホットドッグは、皿に盛りつける料理とは異なり、限られた範囲により立体的にデザインして組み立てる必要がある。ひと目で何が入っているかがある程度見えることも重要で、トッピングをのせていく順番がうまく組み立てて行けるかの鍵を握るといっても過言ではない。場合によっては、上手、下手に関係なく、イラストを描いて完成形までイメージしたうえで作業していくほうが構想を形にしやすいこともある。

おいしそうに見えるビジュアルを追求するなら、あまりきちんと盛りつけないことがポイントだ。トマトがきれいに並んでいる、マスタードのラインが美しく波打っているというように、きちんと整っていると、ホットドッグの場合、どこかおいしそうに見えない。食欲をあまりそそらないビジュアルになってしまう。これも、ホットドッグがまとう雰囲気、「らしさ」に反するからだろう。アメリカの屋台で売られているホットドッグのように、やや雑とも言えるほうが食欲を刺激するビジュアルになることが多い。

一方で、偶然性を取り込むのもおすすめだ。フランス料理などで多くのシェフがやっていることでもあるが、たとえばぱっと見てトマトを盛りつけてみたらよいと思う位置に、ポンと放り投げるような気持ちで置いてみる。計算するのではなく、直感的に置くことで、時にダイナミックだったり、シンプルだったり、考えても出てこない魅力的なビジュアルにまとめあげることができる。

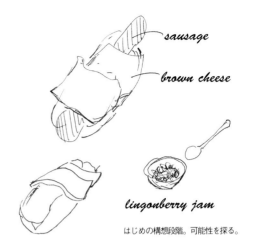

sausage

brown cheese

lingonberry jam

はじめの構想段階。可能性を探る。

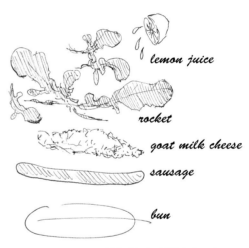

lemon juice

rocket

goat milk cheese

sausage

bun

風味の組み立てを順序立ててみる。

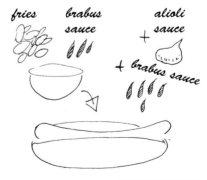

fries   brabus sauce   alioli sauce

+

+ brabus sauce

作業の工程を可視化する。

FRENCH DIP DOG
フレンチディップドッグ

photo：P125

アメリカのロサンゼルスでは、やわらかいコッペパンのようなホギーロールにローストビーフをはさみ、ローストビーフをつくる際に出た肉汁をスープにしてつけて食べる。ここではそれをヒントにしたホットドッグを紹介する。
たっぷりの玉ねぎにスライスチーズをトッピングしたホットドッグを、チキンストックでつくったグレイビーソースにつけて食べるフレンチディップホットドッグだ。チーズが溶けている熱々のうちにあたたかいソースにつけて食べてほしい。

材料（ホットドッグ1個分）

ホットドッグバンズ	1個
ポークソーセージ	1本
葉玉ねぎ	60g
プロセスチーズ（スライス）	2枚
グレイビーディップソース、オリーブオイル	各適量

つくりかた

1 葉玉ねぎは緑の葉と鱗茎(りんけい)をわけ、それぞれ2mmのスライスにする。

2 フライパンを中火にかけ、オリーブオイルを入れて熱し、**1**の玉ねぎを入れて玉ねぎが色づくまで炒める。

3 鍋に湯（材料外、適量）を80℃に沸かし、ソーセージを入れてなかまでしっかりあたたまるまで7〜8分茹でる。

4 バンズを側面から切り込みを入れてひらき、**3**のソーセージをはさみ、**2**の玉ねぎとチーズをのせる。

5 天板にのせ、190℃のオーブンでチーズが溶けるまで5分ほど焼く。

※ホットドッグを供する際に、グレイビーディップソースをあたため、器に盛って添える。

*グレイビーディップソース
（つくりやすい分量：仕上がり400ml）

チキンストック（P162）	600ml
玉ねぎ（スライス）	200g
コーンスターチ	14g
水	14ml
塩	4g
オリーブオイル	適量

❶小さなボウルにコーンスターチと水を入れて混ぜる。

❷鍋を中火にかけ、オリーブオイルを入れて熱し、玉ねぎを入れて塩（分量外、少々）をふり、あめ色になるまで炒める。

❸チキンストックを加えて混ぜ、強火にして沸騰するまで加熱する。

❹弱火にして❶を加え、3分ほど煮込む。

❺塩を加えて混ぜ、器に濾し入れる。

PULLED PORK DOG
プルドポークドッグ

photo：P128

プルドポークは、スパイスをまぶした豚の塊肉を薪で長時間焼いたあと、細かくさいてバーベキューソースで味つけするアメリカの家庭料理。スモーキーな香りのほろほろ肉は、アメリカンバーベキューの代名詞的な存在だ。ここではオーブンで調理するレシピで紹介する。5時間かけてこんがり焼け、手で簡単にさけるほどやわらかくなったプルドポークは、豪華なメインになりうるが、ポークソーセージとホットドッグに仕立てると、「肉×肉」でおいしさが倍増する。アクセントにグリュイエールチーズが加わることで、よりナッツのようなコクとクリーミーでまろやかな風味を添えられるだけでなく、バンズとよりよくなじむ。

材料（ホットドッグ1個分）

ホットドッグバンズ	1個
ポークソーセージ	1本
プルドポーク	100g
グリュイエールチーズ（スライス）	1枚
バーベキューソース	7g

つくりかた

1 鍋に湯（材料外、適量）を80℃に沸かし、ソーセージを入れてなかまでしっかりあたたまるまで7〜8分茹でる。

2 バンズを側面から切り込みを入れてひらき、**1**のソーセージをはさむ。

3 チーズ、プルドポークを順にのせ、ソースをかける。

＊プルドポークラブ
（つくりやすい分量：仕上がり75.5g）

パプリカ	18g
チリパウダー	8g
オニオンパウダー	4g
ガーリックパウダー	4g
カイエンペッパー	1.5g
砂糖	18g
塩	18g
黒こしょう	4g

ボウルにすべての材料を入れて混ぜあわせる。

＊プルドポーク
（つくりやすい分量：仕上がり1.3kg）

豚肩ロース肉	1650g
プルドポークラブ	54g
イエローマスタード	15g
リンゴジュース	150㎖

❶肉全体にマスタードを塗り込み、プルドポークラブをまんべんなくふりかけ、バットにのせる。

❷天板に❶をのせ、120℃のオーブンで、表面に焼き色がついて芯温が73℃になるまで3〜4時間焼く。

❸オーブンから天板ごと取り出し、ジュースをバットに流し入れ、バットをアルミホイルでしっかり密閉する。

❹再び120℃のオーブンで、芯温が93℃になるまで2〜3時間ほど焼く。

❺再びオーブンから天板ごと取り出し、手で肉をさき、バットのジュースと肉のドリップとあえる。

BRAVAS DOG
ブラバスドッグ

photo：P129

ブラバスソースは、トマトやパプリカなど赤を基調にした食材をメインに使い、スモークパプリカの香りと辛味、白ワインビネガーの酸味を加えたスペインでおなじみのソース。スペインのバルでは、このソースをフレンチフライやローストポテトにかけた、パタタス・ブラバスという名のタパスが人気だ。ここでは、同じくスペインのカタルーニャ州生まれのアイオリソースをプラスして、紅白の色が食欲をそそる目にもおいしいホットドッグに仕上げてみた。
ブラバスソースの独特の風味は万人に愛されるとともに、さまざまな食材と組みあわせても存在感が失われることはないので、目玉焼きをのせたり、チーズを加えたり、いかようにもバリエーションを増やすことができる。人気メニューがいろいろとつくれるだろう。

材料（ホットドッグ1個分）

ホットドッグバンズ	1個
ポークソーセージ	1本
ブラバスソースの フレンチフライ	110g
ブラバスソース	40g
アイオリソース	4g
黒こしょう	少々

つくりかた

1 鍋に湯（材料外、適量）を80℃に沸かし、ソーセージを入れてなかまでしっかりあたたまるまで7〜8分茹でる。

2 バンズを側面から切り込みを入れてひらき、**1**のソーセージをはさむ。

3 フレンチフライをのせる。

4 ブラバスソース、アイオリソースの順にかけ、こしょうをふる。

*ブラバスソース
（つくりやすい分量：仕上がり300g）

パプリカ（赤）	150g
トマト（ダイス、缶詰）	200g
玉ねぎ（スライス）	100g
ニンニク（粗みじん切り）	10g
白ワインビネガー	45㎖
スモークパプリカ	6g
カイエンヌペッパー	0.3g
オリーブオイル	35㎖
砂糖	10g
塩	3g

❶ フライパンを中火にかけ、オリーブオイルを入れて熱し、玉ねぎとパプリカを加えてやわらかくなるまで10分ほど炒め、ニンニクを加えてさらに2分ほど炒める。

❷ スモークパプリカ、カイエンヌペッパー、砂糖、塩、トマト、白ワインビネガーを加え、10分ほど煮込む。

❸ 容器に移し、ペースト状になるまでハンドブレンダーにかける。

*ブラバスソースのフレンチフライ
（ホットドッグ1個分：仕上がり110g）

ジャガイモ（皮つき）	120g
ブラバスソース	30g
塩	3g
ひまわり油	適量

❶ ジャガイモは5㎜厚の輪切りにする。

❷ 鍋に油を入れ、中火にかけて140℃に熱する。**1**のジャガイモを入れて5分ほど揚げ、バットに移して油分をきり、火をとめる。ジャガイモが常温に戻るまで40分ほどおいておく。

❸ 鍋を再び中火にかけ、200℃に熱する。**❷**のジャガイモを入れ、きつね色になるまで揚げる。バットに移して油分をきる。

❹ ボウルに移し、塩をふり、ブラバスソースを加え、ざっくり混ぜあわせる。

*アイオリソース
（つくりやすい分量：仕上がり106g）

マヨネーズ	100g
ニンニク（すりおろしたもの）	6g

ボウルにすべての材料を入れて混ぜあわせる。

LOBSTER DOG

ロブスタードッグ

photo：P132

アメリカ東北部メイン州の名物にロブスターサンドイッチがある。これにソーセージを加えてホットドッグにすると、どんなに旨味と食感のバリエーションが増すことだろうと常々考えていた。魚介類と動物性のタンパク質は相性抜群だからだ。世界を見渡せば、ホタテと豚肉が入ったシュウマイ、魚醤ナンプラーで豚肉と野菜を炒めたタイ料理と、その相性を証明する料理がたくさんある。

ここでロブスターに組みあわせるのはポークソーセージ。白ソーセージもマッチするが、乳化させて燻製にしてつくるポークソーセージは、個性を過度に主張することなく、燻製にした香りがアクセントになるうえ、スモーキーな色がホットドッグに仕上げた際に映える。ロブスターは旨味をストレートに伝えるべく、余計な手をかけないのがベストだ。レモンコンフィの甘さと酸味は、ロブスターとソーセージのつなぎ役も担うので多めに加えてもおいしい。

材料（ホットドッグ1個分）

ホットドッグバンズ	1個
ポークソーセージ	1本
ロブスター（冷凍）	180g
セージレモンバター	10g
レモンコンフィ	1枚

つくりかた

1 ロブスターは解凍して常温に戻し、食べやすい大きさにほぐしておく。
※生のロブスターなら茹でたあと粗熱を取り、ほぐす。

2 鍋に湯（材料外、適量）を80℃に沸かし、ソーセージを入れてなかまでしっかりあたたまるまで7〜8分茹でる。

3 バンズを側面から切り込みを入れてひらき、**2**のソーセージをはさむ。

4 **1**のロブスターをのせる。

5 セージレモンバターをまわしかけ、レモンコンフィを添える。

＊セージレモンバター
（つくりやすい分量：仕上がり75g）

バター（無塩）	80g
レモン果汁	2㎖
セージ	4枚

❶小鍋を弱火にかけて熱し、バターとセージを入れて沸騰しないように気をつけながら10分加熱する。火からおろして粗熱を取る。

❷レモン果汁を加えて混ぜあわせる。

＊レモンコンフィ
（つくりやすい分量：仕上がり180g）

レモン（スライス）	100g
砂糖	80g
水	30㎖

鍋を弱火にかけ、すべての材料を入れて砂糖がこげつかないように気をつけながら10分ほど煮る。

TARTIFLETTE DOG
タルティフレットドッグ

タルティフレットはフランスのサヴォア地方の郷土料理。ルブロションチーズ、ベーコン、ジャガイモ、玉ねぎをグラタンのように仕上げる。ホットドッグに仕立てても、ナッツのような味わいのルブロションチーズがソーセージとバンズによくあう。

ジャガイモを使う料理をホットドッグにする際に気になるのは、ジャガイモもバンズも炭水化物であるということ。ジャガイモをはずしてレシピを組み立てていく方法もあるが、「炭水化物×炭水化物」は食欲をそそるペアリングであるため、積極的に取り入れていきたい。さらには、ジャガイモのホクホクとしたデンプン質がルブロションチーズを受けとめてくれるからこそ、タルティフレッドらしさをまとったホットドッグができあがる。寒い日に食べたくなるホットドッグだ。

材料（ホットドッグ1個分）

ホットドッグバンズ（バゲットタイプ）	1個
ポークソーセージ	1本
ルブロションチーズ	45g
クレームドゥーブル	20g
ベーコン（短冊切り）	12g
ジャガイモ（男爵）	35g
玉ねぎ（スライス）	12g
オリーブオイル	適量

つくりかた

1 ジャガイモは皮をむき、中火にかけた蒸し器に入れて40分蒸す。粗熱が取れたら、ひと口大に切る。チーズはさいの目に適宜切る。

2 フライパンを中火にかけ、オリーブオイルを入れて熱し、玉ねぎとベーコンを入れて、玉ねぎが透明になるまで炒める。

3 バンズの側面から切り込みを入れてひらき、バットにのせる。

4 バンズにソーセージ、**2**の玉ねぎとベーコン、**1**のジャガイモをのせる。

5 クレームドゥーブルを上から塗り、**1**のチーズをのせる。

6 天板にのせ、200℃のオーブンで、表面に焼き色がつくまで15分ほど焼く。

CANADIAN BREAKFAST DOG
カナディアン ブレックファストドッグ

ジャージーブレックファストドッグがアメリカの朝ごはんなら、こちらはカナダの朝ごはん。焼いたベーコンとソーセージ、トマト、そして目玉焼きに、角切りにしたジャガイモをカリッと炒めたホームフライがひと皿に盛られたメニューは、カナダの朝の定番で、国境を越えてアメリカのダイナーでも親しまれている。

卵の焼き加減は、ジューシーなトマトがアシストしてくれるので、好みにあわせてかためでもOK。食感がパサつくことはない。最後にひとかけするメープルシロップの甘味が、ベーコンとソーセージの塩味とリンクし、朝からご機嫌になれるおいしさだ。具だくさんなことに加え、片面焼きの目玉焼きと、ジャージーブレックファストとの違いをぜひ味わってみてほしい。最後に、トッピングが多いので、バンズは大きめのものを用意しよう。

材料（ホットドッグ1個分）

ホットドッグバンズ（大）	1個
ポークソーセージ	1本
ベーコン	1枚
トマト（小）	1/2個
卵	1個
メープルシロップ	15mℓ
ホームフライ	40g
オリーブオイル	適量

つくりかた

1 大きなフライパンを中火にかけ、オリーブオイルを入れて熱し、ソーセージとベーコンを焼いていく。

2 1のソーセージとベーコンを端によせ、卵を割り入れて目玉焼きをつくる。

3 目玉焼きを端によせ、あいたところにトマトの断面を下にして入れ、焼き色がつくまで焼く。
  ※ソーセージとベーコンは、全体にこんがりと焼き色がつくまで焼く。

4 バンズを側面から切り込みを入れてひらき、ソーセージとベーコンをはさむ。

5 ホームフライ、目玉焼き、トマトをのせる。

6 メープルシロップをかける。

*ホームフライ
（つくりやすい分量：仕上がり350g）

ジャガイモ（男爵、皮つき）	500g
玉ねぎ（みじん切り）	50g
塩	3g
オリーブオイル	適量

❶ジャガイモを7mm角に切る。

❷フライパンを弱火にかけ、オリーブオイルを入れて熱し、1のジャガイモ、玉ねぎを入れてゆっくりときつね色になるまで20分ほど炒める。

❸塩をふって混ぜる。

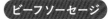
ビーフソーセージ

HUMMUS TOMATO DOG
フムストマトドッグ

photo：P139

フムスは中東諸国の伝統的な料理。サラダ感覚で食べられるほか、ペースト状であるため、ディップがわりにパンにつけたりはさんだり、ソースや副菜がわりに料理に添えられて親しまれている。近年、日本でもそのヘルシーさに注目が集まり、日本流にさまざまな料理に用いられている。主にヒヨコ豆と白ゴマペーストのタヒニでつくるため、ビーフソーセージとの相性もよい。
フムスとバンズは「炭水化物×炭水化物」の食欲のそそる組みあわせであるため、ホットドッグに仕立てても十分においしいが、さらにパーフェクトな食材であるトマトを加え、甘味と酸味をプラスしてみた。バンズは、レタスや揚げナスをトッピングするなど、さまざまなバリエーションも楽しめそうだ。

材料（ホットドッグ1個分）

ホットドッグバンズ	1個
ビーフソーセージ	1本
フムス	70g
トマト（小、5mm厚の輪切り）	1個分
スマック、オリーブオイル	各少々
パンプキンシード（粗くくだいたもの）	適量

つくりかた

1 鍋に湯（材料外、適量）を80℃に沸かし、ソーセージを入れてなかまでしっかりあたたまるまで7〜8分茹でる。

2 バンズを側面から切り込みを入れてひらき、1のソーセージをはさむ。

3 フムスをのせる。

4 トマトをのせ、オリーブオイルをかけ、パンプキンシードとスマックをふりかける。

*フムス（つくりやすい分量：仕上がり630g）

ヒヨコ豆（乾燥）	200g
タヒニ	45g
ニンニク	5g
クミン	3g
ヒヨコ豆の茹で汁（調理中にできたもの）	85ml
レモン果汁	15ml
オリーブオイル	45ml
塩	5g

❶ヒヨコ豆は、ボウルに豆を入れ、水（材料外、豆の4倍の量）を注いでひと晩浸けておく。

❷鍋に❶の豆を水ごと移して中火にかけ、やわらかくなるまで40分茹でて、水気をきる。茹で汁は取っておく（85ml）。

※この段階でヒヨコ豆は440g。

❸フードプロセッサーに、ヒヨコ豆の茹で汁以外の材料を入れ、なめらかなペースト状になるまで2〜3分まわす。

❹ヒヨコ豆の茹で汁を加えてさらに1分ほどまわす。

MUSHROOM CHEESE DOG

マッシュルームチーズドッグ

photo：P142

炒めたマッシュルームとチーズ、グリルした玉ねぎの組みあわせ。このようにシンプルなホットドッグは、アメリカの屋台やダイナーのホットドッグのように、少々手荒に豪快につくるのがポイントだ。本来ホットドッグはそういうもので、丁寧に調理されて美しく盛りつけられた料理とは対極にあり、洗練されていない荒々しさが持ち味。ちょっとばかり雑につくったほうが断然おいしい。

このホットドッグは、フライパンで玉ねぎとマッシュルーム、チーズを調理したところに、ソーセージをはさんだバンズをのせ、ひっくり返してつくりあげるが、このダイナミックな手法もアメリカ北東部フィラデルフィアのダイナーで定番のチーズステーキに見られるもの。完成するまでのプロセスが、そっくりそのままおいしさを左右する。

材料（ホットドッグ1個分）

ホットドッグバンズ	1個
ビーフソーセージ	1本
玉ねぎ（スライス）	20g
マッシュルーム（スライス）	40g
プロセスチーズ（シュレッド）	25g
ディルピクルス（四つ割り）	1本分
ニンニク（みじん切り）	2g
オリーブオイル、塩	各適量

つくりかた

1 ニンニクはオリーブオイルに10分ほどつけておく。

2 フライパンを中火にかけ、オリーブオイルを入れて熱し、ソーセージを入れて全体に焼き色がつくまで焼く。

3 別のフライパンを中火にかけ、オリーブオイルを入れて熱し、玉ねぎとマッシュルームを入れ、途中でピクルスと塩を加えながら、玉ねぎが色づくまで炒める。

4 3の玉ねぎとマッシュルームの上にチーズをのせて蓋をし、1分ほど経ってチーズが溶けてきたら、まわりに1のオリーブオイルをニンニクごとまわしかけて火をとめる。

5 バンズを側面から切り込みを入れてひらき、2のソーセージをはさむ。

6 5のバンズをソーセージが下になるようにして4のチーズにかぶせ、4の具材をゴムベラで下からすくいあげるようにしながらバンズをひっくり返し、具材をソーセージの上にのせる。

※利き手でゴムベラを持ち、もうひとつの手でバンズを押さえながらひっくり返す。

BACON BLUE DOG
ベーコンブルードッグ

近年、ホットドッグにはビールというのが一般的だが、ワインにあうホットドッグをつくりたいという考えから、ソーセージにベーコンとブルーチーズを組みあわせてみた。ここで使うブルーチーズはロックフォール。羊乳でつくられるこのチーズは、青カビ特有の香りが豊かで、強い塩気と甘い余韻が特徴だ。ベーコンとソーセージと一体になると、旨味の塊のようになる。さらに、甘味の強い貴腐ワインやアイスワインと一緒に楽しめば、クリーミーな味わいも際立つ。

材料（ホットドッグ1個分）

ホットドッグバンズ	1個
ビーフソーセージ	1本
ベーコン	2枚
ブルーチーズ （ロックフォール、食べやすい大きさに わけたもの）	15g
ブルーチーズソース	15g
黒こしょう	少々
オリーブオイル	適量

＊ブルーチーズソース
（つくりやすい分量：仕上がり90g）

ブルーチーズ	60g
生クリーム	30g

小鍋を弱火にかけ、すべての材料を入れてチーズが少し溶けるまで加熱する。

つくりかた

1 鍋に湯（材料外、適量）を80℃に沸かし、ソーセージを入れてなかまでしっかりあたたまるまで7〜8分茹でる。

2 フライパンを中火にかけ、オリーブオイルを入れて熱し、ベーコンを入れて全体に焼き色がつくまで焼く。

3 バンズを側面から切り込みを入れてひらき、**1**のソーセージと**2**のベーコンをはさむ。

4 ソースをかけ、チーズをのせ、こしょうをふる。

BROWN CHEESE DOG

ブラウンチーズドッグ

ブラウンチーズは、別名ブルノストともいうノルウェー発祥のチーズ。ナチュラルチーズの製造過程で生じるホエイ（乳清）を無駄にしないという考えから生まれ、ホエイを煮詰めたあと、山羊乳やクリームを足してつくられる。ブラウンチーズの名の由来は、煮詰める際に茶色に色づくことから。ねっとりしたまろやかな食感で、塩気にほのかな甘味と苦味があり、キャラメルのような風味を感じることもある。

ここで使用したのは、山羊乳からできたノルウェー産イェトオスト。同じくスカンジナビア半島でよく食べられる、甘酸っぱいリンゴンベリー（コケモモ）のジャムと組みあわせてみた。リンゴンベリージャムは、現地ではパンに塗るほか、ソーセージやロールキャベツなどのつけあわせとして親しまれている。

材料（ホットドッグ1個分）

ホットドッグバンズ ……………………… 1個
ビーフソーセージ …………………………… 1本
ブラウンチーズ（イェトオスト、スライス）
……………………………………………… 40g
リンゴンベリージャム …………………… 40g

つくりかた

1 鍋に湯（材料外、適量）を80℃に沸かし、ソーセージを入れてなかまでしっかりあたたまるまで7〜8分茹でる。

2 バンズを側面から切り込みを入れてひらき、**1** のソーセージをはさむ。

3 チーズをのせ、ジャムを添える。

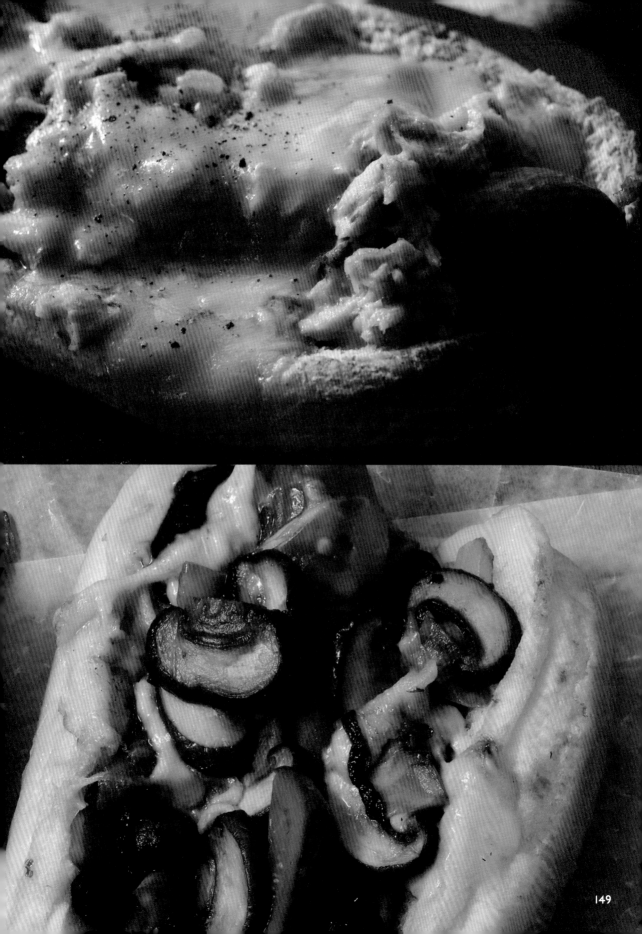

TUNA CHEDDAR DOG
ツナチェダードッグ

イタリアでは、単体では食感が少しパサつくツナを、マヨネーズとあわせて仔牛肉に添えるソースにする。このように、魚介類と肉はおいしい相乗効果を期待できる組みあわせだ。ここでは、マヨネーズではなくチェダーチーズとビーフソーセージと組みあわせてみた。ツナとチェダーチーズのペアリングは、サンドイッチにおいてよく見かけるが、ビーフソーセージが加わることで食感に変化が生まれ、旨味も倍増する。また、少しふりかけるチリもポイント。コクのあるチェダーチーズを大量に使ったホットドッグは、食べている途中で味を変化させたくなるものだが、チリがあるおかげで最後までおいしく食べられる。

材料（ホットドッグ1個分）

ホットドッグバンズ ……………………………… 1個
ビーフソーセージ ………………………………… 1本
チェダーチーズ（シュレッド）………………… 35g
玉ねぎ（粗みじん切り）………………………… 20g
ツナ（缶詰）……………………………………… 30g
チリ（フレーク）、黒こしょう ………………… 各少々
オリーブオイル、塩 ……………………………… 各適量

つくりかた

1 フライパンを中火にかけ、オリーブオイルを入れて熱し、玉ねぎを入れて塩をふり、透明になるまで炒める。ボウルに移し、粗熱を取る。

2 1のボウルにツナを加えて混ぜあわせる。

3 バンズを側面から切り込みを入れてひらき、天板にのせ、ソーセージをはさむ。

4 2をのせ、チーズをふりかける。

5 190℃のオーブンでチーズが溶けるまで5〜6分焼く。
※焼き色がつくまで焼くとバンズからチーズが流れ出てしまうので注意。

6 オーブンから取り出し、チリとこしょうをふりかける。

ビーフソーセージ

ANCHOVIES PARSLEY DOG

アンチョビパセリドッグ

アンチョビは、カタクチイワシを塩漬けにして発酵させたもので、芳醇な旨味にあふれている。フランスでは、牛肩ロース肉の煮込みにアンチョビを加え、海の香りと旨味を盛り込むこともあり、そうした料理から今回はヒントを得ている。

アンチョビとパセリ、クリームチーズのペーストをつくり、ビーフソーセージにあわせているが、このような組み立てでもアンチョビの強烈な旨味は健在。また、このクリームがあることで、ビーフソーセージの風味がより強くなり、ジューシーに感じられるようになっている。

材料（ホットドッグ1個分）

ホットドッグバンズ	1個
ビーフソーセージ	1本
アンチョビパセリクリーム	60g

つくりかた

1 鍋に湯（材料外、適量）を80℃に沸かし、ソーセージを入れてなかまでしっかりあたたまるまで7〜8分茹でる。

2 バンズを側面から切り込みを入れてひらき、**1**のソーセージをはさむ。

3 アンチョビパセリクリームをのせる。

*アンチョビパセリクリーム
（ホットドッグ1個分：仕上がり60g）

アンチョビ（缶詰、みじん切り）	8g
パセリ（みじん切り）	10g
紫玉ねぎ（みじん切り）	4g
クリームチーズ	36g
レモン果汁	2㎖

ボウルにすべての材料を入れて混ぜあわせる。

CORN MAYONNAISE DOG
コーンマヨドッグ

ソーセージの旨味にコーンの甘味とマヨネーズの酸味、そして焼いた香ばしさが一体となって、あとを引くおいしさのホットドッグ。マヨネーズは焼くと、黄身のタンパク質に火が入って卵くささが抜け、脂質と水分が分離して水分が抜けることでグッと旨味が凝縮される。焼きあがりのフワッとしたマヨネーズのテクスチャーと風味はもちろん魅力的だが、少し時間が経って冷めた時の引きしまった風味も捨てがたい。また、ここでは加熱することで酸味がおだやかになるため、酢を足しているが、酸味の塩梅は好みにあわせて調整してほしい。

材料 (ホットドッグ1個分)

ホットドッグバンズ ················· 1個
ビーフソーセージ ················· 1本
コーン (缶詰、水気をきったもの) ········· 50g
パルミジャーノレッジャーノ (けずったもの)
················· 3g
マヨネーズ ················· 50g
穀物酢 ················· 5mℓ
黒こしょう ················· 適量

つくりかた

1 鍋に湯 (材料外、適量) を80℃に沸かし、ソーセージを入れてなかまでしっかりあたたまるまで7〜8分茹でる。

2 ボウルにコーン (40g)、マヨネーズ、酢を入れて混ぜあわせる。

3 バンズを側面から切り込みを入れてひらき、**1**のソーセージをはさむ。

4 **2**と残りのコーンを順にのせ、チーズをふる。

5 アルミホイルでバンズを覆い、天板にのせ、180℃のオーブンでうっすら焼き色がつくまで15分焼く。

6 オーブンから天板ごと取り出し、こしょうをふりかける。

CORIANDER PINEAPPLE DOG
パクチーパイナップルドッグ

photo：P157

タイ料理のおいしさの秘密は、食材やナンプラーといった調味料の旨味に加え、酢やレモンの酸味、唐辛子の辛味、砂糖などの甘味、ハーブの苦味と香りが調和してつくりあげる複雑な味の構造にある。今回は、このおいしさをホットドッグで再現すべく、甘味にパイナップル、苦味と香りにパクチーを用いて、見た目にも華やかにつくってみた。パクチーは、根と葉では香りもおいしさも違う。入手できるならぜひ根つきのものを使ってみてほしい。

材料（ホットドッグ1個分）

ホットドッグバンズ	1個
あらびきソーセージ	1本
パクチー（根ごと）	1本
パイナップル	25g
紫玉ねぎ	10g
青唐辛子	少々
オリーブオイル	適量
A　ナンプラー	4mℓ
レモン果汁	4mℓ
ひまわり油	4mℓ
酢	2mℓ
塩	少々

つくりかた

1 パクチーは、葉と、茎と根にわけ、葉は形を残しつつ、それぞれ適当な大きさに切って、それぞれまとめておく。パイナップルは5mm角ぐらいのさいの目に切る。玉ねぎはみじん切りにする。唐辛子は小口切りにする。

2 ボウルに**A**を入れてよく混ぜあわせる。

3 **2**のボウルに**1**のパクチーの葉以外をすべて加えて混ぜあわせ、さらにパクチーの葉を加えてざっくりと混ぜあわせる。

4 フライパンを中火にかけ、オリーブオイルを入れて熱し、ソーセージを入れて全体に焼き色がついて身がギュッと引きしまってくるまで焼く。
※芯までしっかり火が入っていることを確認する。

5 バンズを側面から切り込みを入れてひらき、**4**のソーセージをはさむ。

6 **3**をのせる。

あらびきソーセージ

BANGERS AND MASH DOG

バンガーズアンドマッシュドッグ

photo：P160

フライパンであらびきソーセージを焼くと、表面にはソーセージの肉汁が落ち、メイラード反応が起きて、
香りが立つとともに味が凝縮したこげのようなものができる。フランス料理で言うシュックだが、これを
野菜の水分やワインなどで煮溶かすことでグレービーソースをつくり、ホットドッグにあわせている。
グレービーソースとマッシュポテトの組みあわせは、イギリスやアイルランドの伝統的な料理、バンガー
ズアンドマッシュでもおなじみ。マッシュポテトの上にソーセージがのり、グレービーソースがたっぷり
とかかっている。今回はソーセージを焼いてフライパンについた旨味を利用してグレービーソースをつく
るため、つくりやすくするべく、ホットドッグ2個分のレシピで紹介する。

材料（ホットドッグ2個分）

ホットドッグバンズ ……… 2個
あらびきソーセージ ……… 2本
マッシュポテト
　ブリティッシュスタイル
　……………………………… 130g
オリーブオイル ………… 適量

グレービーソース
　玉ねぎ（スライス）…………… 70g
　薄力粉 ………………………… 5g
　チキンストック（P162）… 160mℓ
　ウスターソース ……………… 5mℓ
　バター（無塩）……………… 10g
　こしょう …………………… 少々
　オリーブオイル、塩 ……… 各適量

＊マッシュポテト ブリティッシュスタイル
（つくりやすい分量：仕上がり260g）

ジャガイモ
　（男爵、皮をむいたもの、
　15mmの輪切り）…………… 200g
牛乳 …………………………… 40mℓ
バター（無塩、冷えたもの）……… 20g

❶鍋に水（材料外、適量）を入れて中火
にかけて沸かし、ジャガイモと塩（材
料外、水に対して1.2％の量）を入れ
てジャガイモに串を刺してスッと通る
まで15分ほど茹でる。途中、沸騰した
ら弱火にする。

❷ジャガイモをザルにあげながら湯を捨
て、ジャガイモの水気をきり、鍋に戻
す。鍋を中火にかけ、ジャガイモのま
わりが粉っぽくなるまで水分を飛ば
す。

❸鍋に入れたまま、ジャガイモをマッシ
ャーで粗くつぶす。

❹牛乳を加えてゴムベラで混ぜあわせ、
なじんできたらバターを加えて混ぜ
あわせる。味見をして塩が足りない場
合、塩（材料外、適量）で味を調える。

つくりかた

1 フライパンを中火にかけ、オリーブオイルを入れて熱し、ソーセージを
入れ、片面にしっかりと焼き色がついたら裏返して同様に焼く。なかに
8割くらい火が入ったら、バットに取り出す。

2 グレービーソースをつくる。
　❶1のフライパンを中火にかけ、オリーブオイルを入れて熱し、玉ねぎ
　と塩（少々）を入れ、玉ねぎに焼き色がついてしんなりするまで炒め
　る。途中で強火にし、しっかりと玉ねぎに焼き色をつける。
　　※塩は、玉ねぎから水分を引き出し、こげないようにするために加える。
　❷薄力粉を加え、粉っぽさがなくなるまで炒める。
　❸チキンストックを加え、沸騰させながら半量になるまで詰める。途中
　でアクが浮いてくるのでこまめに取る。
　❹ウスターソースとバターを加えて混ぜる。
　❺塩とこしょうで味を調える。
　　※グレービーソースを単独で先につくっておきたい場合も❶から同様につく
　るが、市販のビーフコンソメスープ（160mℓ）などを加えてつくるとよい。

3 1のソーセージを2-❺のフライパンに戻し、ひと煮立ちさせる。

4 バンズを側面から切り込みを入れてひらき、マッシュポテトを塗る。

5 3のソーセージをのせ、2のソースをかける。

EEL DOG
うなぎドッグ

photo：P161

うなぎは脂の多い白身魚であるため、日本だと蒲焼にする食べかたが多いが、白焼きにして、あらびきソーセージと焼いた江戸千住ネギを組みあわせてみた。うなぎの白焼きの場合、エマルジョンソーセージのように主張をあまりしないソーセージより、豚肉のゴリッとした食感が残るあらびきソーセージをあわせるほうがよい。少し鉄や土の香りがするうなぎの脂と、ソーセージの生肉が焼かれた際の旨味が、お互いのよさを引き立てながら調和して、この上ないおいしさを生む。さらにこのおいしさをよりよくまとめあげているのが、メロン以上の糖度を誇る甘くてやわらかい江戸千住ネギと、シェリービネガーの酸味が加わった甘酸っぱいソースだ。ちなみに、うなぎの血にはイクシオトキシンという毒がある。60℃で5分間の加熱によって毒性を失うので、うなぎを調理する際は、まな板や包丁をよく洗うなど気をつけてほしい。

材料（ホットドッグ1個分）

ホットドッグバンズ	1個
あらびきソーセージ	1本
うなぎ（大）	半身（70g）
ネギ（江戸千住ネギ、斜め切り）	1/3本分
うなぎのソース	5mℓ
オリーブオイル、塩	各適量

つくりかた

1 うなぎはまな板にのせて熱湯（材料外、適量）をかけ、白くにごったぬめりをこそげ取る。両面に塩をふっておく。

2 フライパンを中火にかけ、オリーブオイルを入れて熱し、ソーセージを入れて全体に焼き色がついて身がギュッと引きしまってくるまで焼く。
※芯までしっかり火が入っていることを確認する。

3 別のフライパンを中火にかけ、オリーブオイルを入れて熱し、うなぎを身側、皮目の順に焼く。
※うなぎを皮目から焼くと皮がそり返るので注意。

4 **3**のフライパンにネギを加え、全体に焼き色がつくまで焼く。

5 バンズを側面から切り込みを入れてひらき、**2**のソーセージをはさむ。

6 **3**のうなぎと**4**のネギをのせ、ソースをかける。

*チキンストック（つくりやすい分量：仕上がり1.2ℓ）

鶏	1羽（1.2kg）
玉ねぎ	200g
ベイリーフ	1枚
水	1.8ℓ
塩	2g
オリーブオイル	適量

❶鶏は各部位ごとに切りわけ、余分な血あいや、肺やレバーなどの内臓を取り除く。玉ねぎは適当な大きさに切る。

❷平たい鍋に❶の肉をなるだけ平たくのせ、オリーブオイルをまぶす。

❸天板にのせ、180℃のオーブンで1時間焼く。

❹天板ごと鍋を取り出して肉を裏返し、❶の玉ねぎを加えてさらに40分焼く。

❺肉と玉ねぎをザルに移し、余分な油を切る。

❻寸胴鍋に移し、水を加え、強火にかけて沸騰するまで加熱する。

❼アクを取り、弱火にしてベイリーフと塩を加えて4時間煮込む。
※沸騰するとにごるので、表面が少しふつふつする程度を保ちながら煮込む。

❽大きなボウルに濾し入れ、粗熱を取る。ラップをかけ、冷蔵庫でひと晩寝かせる。
※表面に脂の層ができているので取り除いてから使う。

＊うなぎのソース
（つくりやすい分量：仕上がり50㎖）

チキンストック ……………340㎖
シェリービネガー …………60㎖
しょうゆ ……………………6㎖
砂糖 …………………………30g
塩 ……………………………少々

❶小鍋に砂糖とシェリービネガー
　を入れて中火にかけ、半量にな
　るまで煮詰める。

❷チキンストックとしょうゆを加
　え、1/6量ほどになるまで詰める。

❸塩で味を調える。

HONEY BUTTER MUSTARD DOG

ハニーバター
マスタードドッグ

バターがジュワッとしみだしてくるバタートーストはそれだけでおいしいが、あらびきソーセージをのせてハニーマスタードをかければ、甘じょっぱさが加わり、さらに旨味が増す。マスタードはそのまま使うと酸味が立つので、ハチミツを加えて酸味と甘味のバランスを取っている。バターの濃厚な風味がベースにしっかりとあるため、ソーセージは主張の強いあらびきソーセージがよくあう。

材料（ホットドッグ1個分）

ホットドッグバンズ	1個
あらびきソーセージ	1本
バター	25g
ハニーマスタード	15g
ハチミツ	10g
オリーブオイル	適量

つくりかた

1 バターは常温に戻す。バンズは側面から切り込みを入れてしっかりひらく。

2 フライパンを中火にかけてオリーブオイルを入れて熱し、ソーセージを入れて全体に焼き色がついて身がギュッと引きしまってくるまで焼く。
※芯までしっかり火が入っていることを確認する。

3 アルミホイルの上に1のバンズをクラムを上にしてのせ、トースターに入れて2分30秒焼く。

4 トースターからバンズを取り出し、クラムにバター（15g）を塗り、トースターに戻してさらに1分30秒焼く。

5 トースターからバンズを取り出し、残りのバターを塗り、2のソーセージをのせる。

6 ハニーマスタードを塗り、ハチミツをかける。

*ハニーマスタード
（つくりやすい分量：仕上がり45g）

マスタード	30g
ハチミツ	10g
水	5mℓ

ボウルにすべての材料を入れて混ぜあわせる。

GOAT MILK CHEESE AND ROCKET DOG

シェーブルロケットドッグ

ビリっとした辛味とゴマのような風味をもつロケットに、香りの強いシェーブルチーズを組みあわせたホットドッグ。これらのように個性の強いアイテムには、肉の食感が強いあらびきソーセージがあう。

ロケットのみずみずしいおいしさをソーセージとシェーブルの塩味と旨味で存分に味わうために、ロケットは必ず盛りつける直前に軽く味をつけてほしい。早くからロケットにドレッシングをかけると、時間とともにしなびてしまう。また、オリーブオイルはごく少量、薄くロケットにつくぐらいにしておくのがおすすめだ。

材料（ホットドッグ1個分）

ホットドッグバンズ	1個
あらびきソーセージ	1本
シェーブルチーズ	20g
ロケット（ルッコラ）	20g
レモン果汁	3㎖
塩	少々
オリーブオイル	適宜

つくりかた

1 ロケットは冷水（材料外、適量）を張ったボウルに入れ、10分ほど浸したのちに取り出して、水気をしっかりきる。

2 フライパンを中火にかけ、オリーブオイルを入れて熱し、ソーセージを入れて全体に焼き色がついて身がギュッと引きしまってくるまで焼く。
※芯までしっかり火が入っていることを確認する。

3 バンズを側面から切り込みを入れてひらき、**2**のソーセージをはさむ。

4 別のボウルにレモン果汁、オリーブオイル（少々）、塩を入れて混ぜ、ロケットを加えてざっくり混ぜあわせる。

5 バンズにチーズを塗り、ロケットをのせる。

あらびきソーセージ

HOT DOG & OYSTER

ホットドッグ＆
オイスター

フランスのボルドーでは、生牡蠣と焼いたソーセージの盛りあわせがあり、交互に食べて楽しむ文化がある。牡蠣のヨードの余韻のなか、ソーセージの旨味が口いっぱいに広がる瞬間は、至福のひと言だ。そこでアレンジを加えてホットドッグにしてみた。

ソーセージは、本書で紹介しているあらびきソーセージにスパイスを足し、10cmほどに成形したものを使う。バンズは小麦の旨味が凝縮した全粒粉のバゲットタイプを組みあわせている。ワインも一緒に楽しむ際は、白ならソーセージとの相性を考え、風味に厚みのある白がおすすめ。ボルドーでは若めの赤ワインをあわせることもあり、試してみてほしい。白ブドウの果皮のタンニンが心地よいオレンジワインもあう。

材料（ホットドッグ3個分）

ホットドッグバンズ
　（全粒粉バゲットタイプ）……… 3個
ホットドッグ＆オイスター用
　ソーセージ ………………………… 3本
牡蠣（小、殻つき）………………… 6個
レモン、オリーブオイル …… 各適量

つくりかた

1 牡蠣は上の殻と身をはずし、身を殻に盛る。レモンはくし形切りにする。

2 フライパンを中火にかけ、オリーブオイルを入れて熱し、ソーセージを入れて全体に焼き色がついて身がギュッと引きしまってくるまで焼く。

　　※芯までしっかり火が入っていることを確認する。

3 バンズを上面から切り込みを入れてひらき、**1**のソーセージをはさむ。

*ホットドッグ＆オイスター用 ソーセージ

あらびきソーセージの材料に以下のスパイスを足し、あらびきソーセージ同様につくるが、工程**5**では5mmのプレートを使い、工程**8**〜**9**を省略する。工程**10**ではケーシングは羊腸を使い、工程**11**では10cmのソーセージに成形する。

マジョラム ……………………………… 3g
カイエンペッパー …………………… 1.5g

白ソーセージ

スイートシュリンプドッグ

魚介類、特にエビにあわせるホットドッグをつくる場合、鶏肉を使った白ソーセージと組みあわせることは、セオリーだと思っている。フランス料理でも、鶏肉の出汁は魚介類と違和感なく調和している。よって、スパイシーに炒めたエビの旨味をストレートに味わえるのは、白ソーセージをおいてほかにない。

今回のホットドッグは、五香粉で炒めたエビにハニーマヨネーズ、シュガーピーナッツ、チリをあわせ、最後にレモンを絞って食べてもらうスタイル。いわば、スイートチャイニーズシュリンプドッグとも言えるピリ辛中華風で、クリーミーで甘い仕上がりがやみつきになる。エビは殻つきのものをなるだけ鮮度のよいうちに調理しよう。

材料（ホットドッグ1個分）

ホットドッグバンズ	1個
白ソーセージ	1本
エビ（バナメイエビ、殻つき）	8尾
ニンニク（みじん切り）	1/2片分
イタリアンパセリ（みじん切り）	5g
レモン（皮つき、くし形切り）	1/8個分
五香粉	3g
チリ（フレーク）	少々
シュガーピーナッツ	10g
ハニーマヨネーズ（P95）	6g
オリーブオイル、黒こしょう、塩	各適量

つくりかた

1 エビは殻をむき、背中に包丁を入れてワタを取って掃除をし、ボウルに移して五香粉と塩を加えて混ぜておく。

2 フライパンを中火にかけ、オリーブオイルを入れて熱し、ソーセージを入れ、全体に焼き色がつくまでしっかり焼く。
※芯までしっかり火が入っていることを確認する。

3 別のフライパンを中火にかけ、オリーブオイルを入れて熱し、1のエビを6割くらい火が入るまで炒める。

4 パセリを加えてエビに8割くらい火が入るまで炒め、ニンニクを加えて混ぜる。

5 バンズを側面から切り込みを入れてひらき、2のソーセージをはさむ。

6 4のエビをのせ、ハニーマヨネーズとシュガーピーナッツをかけ、チリ、こしょうをふり、レモンを添える。

*シュガーピーナッツ
（つくりやすい分量：仕上がり180g）

ピーナッツ	130g
砂糖	60g
水	50mℓ
しょうゆ	5mℓ

❶フライパンにピーナッツを入れ、弱火で乾煎りにする。

❷別のフライパンに砂糖と水を入れて中火にかける。沸騰して泡が大きくなってくるまで3分ほど煮詰める。

❸しょうゆを加えて弱火にし、❶のピーナッツを加えて徐々に砂糖が結晶化して全体がサラサラになってくるまで混ぜる。クッキングペーパーに広げて粗熱を取る。

白ソーセージ

BLC DOG
ベーコンレタスチーズドッグ

スタンダードなホットドッグは、ホットドッグショップに欠かせないひと品だ。そこでBLTならぬBLCドッグをつくってみた。

こうしたナチュラルでシンプルな組みあわせには、食材のおいしさをストレートに感じる無添加の白ソーセージがあう。食材はどれもめずらしいものではないが、溶けたチェダーチーズ、シャキッとしたレタス、スモーキーなベーコンとひとつのホットドッグになった時の風味とテクスチャーの調和が、極上のおいしさを生む。

材料（ホットドッグ1個分）

ホットドッグバンズ ································ 1個
白ソーセージ ································ 1本
ベーコン ································ 1枚
レタス ································ 2枚
チェダーチーズ（スライス）················ 2枚
オリーブオイル、黒こしょう ··············· 各適量

つくりかた

1 フライパンを中火にかけ、オリーブオイルを入れて熱し、ソーセージを入れ、全体に焼き色がつくまでしっかり焼いていく。
※芯までしっかり火が入っていることを確認する。

2 ソーセージを端に寄せ、ベーコンを入れて全体に焼き色がつくまで焼く。

3 バンズを側面から切り込みを入れてひらき、チーズを断面のクラムを覆うようにのせる。

4 天板に**3**のバンズをのせ、トースターでチーズが溶けるまで2〜3分焼く。

5 **4**のバンズに**2**のベーコン、レタス、**2**のソーセージを順にのせ、こしょうをふる。

白ソーセージ

ELVIS DOG
エルビスドッグ

パンケーキをメープルシロップとベーコンで味わう、あの甘じょっぱい究極のおいしさをホットドッグで実現できないかと考えていた時、頭をよぎったのがこのホットドッグ。名前から想像する通り、かのエルビス・プレスリーは、ピーナッツバターと焼いたベーコンとバナナをはさんだサンドイッチが大好きだったという。

サンドイッチの場合、食パンで具材をはさんだあと、いわばホットサンドのように調理するので、バナナは自然とよい塩梅に加熱されて独特の甘い香りを放つが、ホットドッグの場合、同じように調理できない。そこで、表面を香ばしく焼くことで加熱されたバナナの風味を引き出してみた。ピーナッツバターにねっとりと甘いバナナ、そしてベーコンとソーセージの塩味がたまらないホットドッグだ。

材料（ホットドッグ1個分）

ホットドッグバンズ	1個
白ソーセージ	1本
ベーコン	2枚
バナナ（厚い斜め切り）	1本分
ピーナッツバター	30g
オリーブオイル	適量

つくりかた

1 フライパンを中火にかけ、オリーブオイルを入れて熱し、ソーセージを入れ、全体に焼き色がつくまでしっかり焼いていく。
※芯までしっかり火が入っていることを確認する。

2 ソーセージを端に寄せ、ベーコンを入れて全体に焼き色がつくまで焼く。

3 小さめの鉄のフライパンを中火にかけ、オリーブオイルを入れて熱し、バナナを入れて片方の断面に焼き色がつくまで20〜40秒焼く。火をとめ、裏返してもう片方の断面を下にして、余熱でなかまであたためる。

※時間をかけて火を入れると食感が損なわれるので、片面だけ強く焼く。焼きはじめは動かさないこと。焼き目はフライパンにくっつきやすいので、くっついてしまった場合は、少しそのまま焼き続けてキャラメル色になったところで、ゴムベラを使ってはずす。ただし、焼きすぎに注意。

4 バンズを側面から切り込みを入れてひらき、ピーナッツバターを塗る。

5 ソーセージとベーコン、**3**のバナナをのせる。

PANCETTA AND HORSERADISH
MASHED POTATO DOG

パンチェッタと
ホースラディッシュ
マッシュポテトのホットドッグ

カリッとジューシーに焼きあげたパンチェッタは、ホットドッグのトッピングとして、最高の働きをしてくれる。ただし、ソーセージの脂とダブルの脂で、少々脂っぽいのが気になるところ。そこで、辛味の強い西洋わさび、ホースラディッシュをマッシュポテトに加えて組みあわせることにした。この試みは功を奏し、ソーセージとパンチェッタの濃厚な旨味も脂も、このマッシュポテトが全部受けとめてピリッとさっぱりしたホットドッグに仕上がった。

ホースラディッシュは、時間が経っても香りが続くチューブ入りのものがおすすめ。生のホースラディッシュを使うなら、香りが飛んでしまわないよう、盛りつける直前にマッシュポテトに加えよう。

材料（ホットドッグ1個分）

ホットドッグバンズ ……………………………… 1個
白ソーセージ ……………………………………… 1本
パンチェッタ（スライス）……………………… 3枚
ホースラディッシュマッシュポテト ………… 65g
オリーブオイル ………………………………… 適量

つくりかた

1 フライパンを中火にかけ、オリーブオイルを入れて熱し、ソーセージを入れ、全体に焼き色がつくまでしっかり焼いていく。
※芯までしっかり火が入っていることを確認する。

2 ソーセージを端に寄せ、パンチェッタを入れて全体に焼き色がつくまで焼く。

3 バンズを側面から切り込みを入れてひらき、**1** のソーセージをはさむ。

4 マッシュポテトと**2**のパンチェッタをのせる。

*ホースラディッシュマッシュポテト
（つくりやすい分量：仕上がり104g）

マッシュポテト ブリティッシュスタイル（P159）
……………………………………………………… 100g
ホースラディッシュ（チューブ入り）………… 4g

鍋でマッシュポテトをつくり、ホースラディッシュを加えて混ぜあわせる。

PEAR AND GRUYÈRE CHEESE DOG

洋ナシと グリュイエールチーズの ホットドッグ

ドイツでは、白ソーセージに甘口で少しコクのあるマスタードをつけて食べる。白く乳化した生地のやや淡白な味わいのソーセージは、マスタードの甘味が加わることで、コクと旨味と甘味が一体となったソーセージへと変わる。ここでは白ソーセージにオーブンで焼いた洋ナシの甘味を加え、さらにコクの強いグリュイエールチーズとやさしい甘味のハチミツを組みあわせて、甘じょっぱくて香りのよい大人っぽいホットドッグに仕上げてみた。

材料（ホットドッグ1個分）

ホットドッグバンズ	1個
白ソーセージ	1本
洋ナシ	80g
グリュイエールチーズ（スライス）	1枚
ハチミツ	15g
シナモン	少々
オリーブオイル	適量

つくりかた

1 洋ナシは12mm厚の半月切りにする。種の部分を取り除き、ハチミツとシナモンをふりかけ、クッキングシートを敷いた天板にのせ、190℃のオーブンで焼き色がつくまで20分ほど焼く。

2 フライパンを中火にかけ、オリーブオイルを入れて熱し、ソーセージを入れ、全体に焼き色がつくまでしっかり焼く。
※芯までしっかり火が入っていることを確認する。

3 バンズを側面から切り込みを入れてひらき、**2**のソーセージをはさむ。

4 **1**の洋ナシとチーズをのせ、天板に移し、190℃のオーブンでチーズが溶けるまで5分ほど焼く。

FRIED CLAM DOG
フライドクラムドッグ

アメリカのメイン州では、フレンチフライとアサリのフライをタルタルソースで食べる。そして、ニューイングランドロールの誕生秘話に、クラムストリップが関係していたことが頭にあったこともあり、このホットドッグをつくってみた。

白ソーセージのシンプルな食感と旨味、アサリのフライの海の香りと旨味、塩気のあるフレンチフライのホクホクとした食感が一度に味わえる。かなりのボリュームがあるが、基本のトッピングがサクッとしたフライなので、食べはじめるとあっという間にたいらげてしまう。少し酸味を効かせたタルタルソースをあわせれば、よりおいしい。

材料（ホットドッグ1個分）

ホットドッグバンズ	1個
白ソーセージ	1本
アサリ（殻つき）	100g
ジャガイモ	60g
バッター液	70g
タルタルソース、ひまわり油、オリーブオイル、塩	各適量

つくりかた

1 アサリは使う前日にボウルに入れ、アサリが隠れるぐらいの水（材料外）と塩（材料外、水に対して3％の量）を加えて、冷暗所でひと晩置いて砂抜きをする。翌日、砂をはいていることを確認後、殻から身をはずす。

※殻から身をはずす時、アサリから多くの汁が出るが、ボウルに取っておくと別の料理に使える（密封袋に入れて冷蔵庫で1日、冷凍庫で2週間保存可能）。

2 フライパンを中火にかけ、オリーブオイルを入れて熱し、ソーセージを入れ、全体に焼き色がつくまでしっかり焼く。

※芯までしっかり火が入っていることを確認する。

3 フレンチフライをつくる（P98）。

4 3の揚げ油を190℃に下げ、バッター液にくぐらせたアサリのむき身をきつね色になるまで揚げていく。網を敷いたバットにあげ、油分をきる。

5 バンズを側面から切り込みを入れてひらき、3のフレンチフライをのせる。

6 2のソーセージ、4のアサリをのせ、ソースを添える。

*タルタルソース
（つくりやすい分量：216g）

マヨネーズ	160g
ディル（みじん切り）	2g
ディルピクルス（みじん切り）	32g
ガーリックパウダー	2g
白ワインビネガー	20㎖

ボウルにすべての材料を入れて混ぜあわせる。

*バッター液
（つくりやすい分量：仕上がり303g）

中力粉	60g
片栗粉	60g
牛乳	120㎖
卵	1個
ベーキングパウダー	4g
チリパウダー	少々
塩	4g

ボウルにすべての材料を入れて混ぜあわせる。

BEAN STEW DOG

ビーンシチュードッグ

photo：P184

フェンネルに含まれる香り成分のアネトールは、仔羊肉と相性がよいことで知られている。そこでここでは、仔羊肉からつくるメルゲーズソーセージを、白インゲン豆とフェンネルと一緒に煮込み、ホットドッグに仕立ててみた。短い調理時間でもしっかりと羊肉の風味を感じられるように、ソーセージは先に焼いておき、焼いた際に生じる旨味ごと煮込んでいる。フェンネルの甘くさわやかな香りも食欲をそそる。つくりやすいホットドッグ3個分のレシピで紹介する。

材料（ホットドッグ3個分）

ホットドッグバンズ	3個
メルゲーズソーセージ	3本
白インゲン豆（水煮）	150g
フェンネルの株と茎（3mmのスライス）	75g
ミニトマト（半分に切ったもの）	6個分
ニンニク（皮つき、みじん切り）	2g
チキンストック（P162）	220mℓ
フェンネルの葉、塩、オリーブオイル	各適量

つくりかた

1 鍋を中火にかけ、オリーブオイルを入れて熱し、ソーセージを入れ、片面にしっかりと焼き色がついたら裏返して同様に焼く。7割くらい火が入ったら、バットに取り出し、鍋の油を捨てる。

※最後にもう一度あたためる際に火が入るため、ここでは7割くらい火が入ればOK。鍋についた焼き目はそのままにしておく。

2 鍋にオリーブオイルを入れて中火にかけ、フェンネルの株と茎を入れて塩をふり、焼いている途中に鍋につく焼き目をこそげ取りながら炒める。

3 ニンニクを加えて炒め、さらにトマトを加えてフェンネルがしんなりするまで5分ほど炒める。

※途中で蓋をしながら炒めると、野菜の水分が出てきて鍋のなかで対流し、こげづらくなる。

4 白インゲン豆とチキンストックを加え、とろみが出るまで15分ほど煮込み、塩で味を調える。

5 **1**のソーセージを加えて、ソーセージに火が入るまでさらに煮込む。

※温度計でソーセージの芯温が72℃あるかを確認すること。

6 バンズを側面から切り込みを入れてひらき、**5**のソーセージをはさむ。

7 **4**の煮込みをのせ、フェンネルの葉を飾る。

CUMIN CABBAGE DOG

クミンキャベツドッグ

photo：P185

オーブンで焼いたキャベツは水分が抜けてグッと甘味が増すばかりか、葉の先には焼き色がついて全体に香ばしさが加わる。このキャベツに、クミンの風味とレモンの酸味を加えて、スパイシーなメルゲーズソーセージを組みあわせると、素朴ながら中東の雰囲気をまとったホットドッグになる。クミンは使う前に乾煎りすると、さらに香りが引き立つ。

材料（ホットドッグ1個分）

ホットドッグバンズ ………………………… 1個
メルゲーズソーセージ ………………………… 1本
クミンキャベツ ……………………… 50〜60g
クミン（ホール） …………………………… 少々
オリーブオイル ……………………………… 適量

つくりかた

1 フライパンを強めの中火にかけ、オリーブオイルを入れて熱し、ソーセージを入れて全体に焼き色がつくまで焼く。

　※メルゲーズソーセージは、豚腸より薄い羊腸を使っているため、焼き時間は豚腸のソーセージに比べるとかなり短い。温度計で芯温が72℃あるかを確認すること。

2 バンズを側面から切り込みを入れてひらき、**1**のソーセージをはさむ。

3 クミンキャベツをのせ、クミンをふりかける。

*クミンキャベツ
（つくりやすい分量：仕上がり160g）

キャベツ（くし形切り） ……………………… 230g
レモン果汁 ………………………………… 5㎖
クミン …………………………………………… 1g
塩 ………………………………………………… 1g
オリーブオイル ……………………………… 適量

❶ クッキングシートを敷いた天板にキャベツを並べ、オリーブオイルをまわしかける。

❷ 190℃のオーブンで、全体に焼き色がついてしんなりするまで20〜25分焼く。

❸ ボウルに残りの材料を入れて混ぜあわせ、❷のキャベツを加えて混ぜる。

SWEET POTATO FRIES DOG

安納芋のフライドッグ

サツマイモが加熱によって甘くなるのは、β－アミラーゼという消化酵素が加熱されて糊化したでんぷんに作用し、麦芽糖という甘味成分を生成するため。そこでここでは、β-アミラーゼが最も働く60〜65℃でゆっくり揚げて甘味を十分に引き出したあと、200℃の高温でさらに揚げて安納芋のまわりをカリッと仕上げ、より旨味の強いフレンチフライにしてみた。
一般的なサツマイモより甘い安納芋と、スパイスの効いたメルゲーズソーセージの組みあわせは、ただでさえおいしいが、カリッと揚がった食感が加わり、やみつきになるおいしさだ。
好みにあわせて安納芋のフレンチフライを増減する場合、安納芋は揚げると25％くらい軽くなる。これを目安に1人前の分量を出すとよい。

材料（ホットドッグ1個分）

ホットドッグバンズ ……………………………… 1個
メルゲーズソーセージ …………………………… 1本
安納芋のフレンチフライ ………………………… 135g
オリーブオイル …………………………………… 適量

つくりかた

1 フライパンを強めの中火にかけ、オリーブオイルを入れて熱し、ソーセージを入れて全体に焼き色がつくまで焼く。

※メルゲーズソーセージは、豚腸より薄い羊腸を使っているため、焼き時間は豚腸のソーセージに比べるとかなり短い。温度計で芯温が72℃あるかを確認すること。

2 バンズを側面から切り込みを入れてひらき、**1**のソーセージをはさむ。

3 フレンチフライをのせる。

*安納芋のフレンチフライ
（ホットドッグ1個分：仕上がり135g）

安納芋 ……………………………………………… 180g
ひまわり油、塩 …………………………………… 各適量

❶ 安納芋の皮をむき、フレンチフライカッターでカットする。

※1cm角ほどの拍子木切りにしてもOK。

❷ 鍋に油を入れ、中火にかけて140℃に熱する。❶の安納芋を入れて7分ほど揚げ、バットに移して油分をきり、火をとめる。安納芋が常温に戻るまで30分ほどおいておく。

❸ 鍋を再び中火にかけ、200℃に熱する。❷の安納芋を入れてきつね色になるまで揚げ、バットに移して油分をきる。

❹ 塩をふりかけ、よく混ぜあわせる。

GREEN PEAS AND POACHED EGG DOG

グリーンピースと
ポーチドエッグのホットドッグ

photo：P190

フランスのボンデュエル社の冷凍グリーンピースは、もともと小粒なためプチッとした食感がおもしろいことに加え、収穫後すぐに茹でて冷凍されているため、鍋のなかでオリーブオイルと一緒にあたためるだけで、みずみずしいグリーンピースになる。これを、まろやかなミルクの旨味と甘味があるオーガニックのチェダーチーズと組みあわせると、ブラッドソーセージ特有の強い個性からは想像もできないほど、風味も見た目も春らしい空気をまとったホットドッグになる。

材料（ホットドッグ1個分）

ホットドッグバンズ	1個
ブラッドソーセージ	1本
グリーンピース（フランス産、冷凍）	35g
ポーチドエッグ	1個
チェダーチーズ（オーガニック、けずったもの）	3g
ミントの葉、オリーブオイル、塩、黒こしょう（ひきたて）	各適量

つくりかた

1 小鍋を弱火にかけ、オリーブオイルを入れて熱し、グリーンピースを冷凍のまま入れ、グリーンピースがあたたまるまで加熱したら、塩で味を調える。

2 フライパンを中火にかけ、オリーブオイルを入れて熱し、ソーセージを入れて全体に焼き色がつくまでしっかり焼く。
※ブラッドソーセージは焼くとさらに黒くなる。芯までしっかり火が入っていることを確認する。

3 バンズを側面から切り込みを入れてひらき、**1**のグリーンピースをのせる。

4 **2**のソーセージをのせ、ポーチドエッグをそえる。

5 チーズをかけ、ミントの葉をちらし、オリーブオイルをまわしかけ、こしょうをふる。

＊ポーチドエッグ
（ホットドッグ1個分：仕上がり1個）

卵	1個
酢、塩	各適量

❶ 鍋に湯（材料外、適量）を沸かし、酢（湯に対して3％の量）と塩（湯に対して1％の量）を入れる。

❷ 小さなボウルに卵を割り入れる。

❸ 鍋の湯をスプーンで円を描くようにかきまぜて対流しているところに、**❷**の卵を入れ、4分加熱する。

❹ 別の小さなボウルに冷水（材料外、適量）を入れ、**❸**の卵を移し、酢を洗い流す。キッチンペーパーの上にあげて、水気をきる。

ブラッドソーセージ

APPLE AND MASHED POTATO DOG

リンゴとマッシュポテトの ホットドッグ

photo：P194

フランス料理では、ブラッドソーセージとリンゴは定番の組みあわせだ。野生味のあるソーセージにリンゴの甘味と酸味が加わることで相乗効果が起き、バランスのよい味わいが生まれる。バターがたっぷり入ったマッシュポテトを加えれば、やさしく全体を包み込む極上のひと品になる。

材料（ホットドッグ1個分）

ホットドッグバンズ	1個
ブラッドソーセージ	1本
マッシュポテト ブリティッシュスタイル（P159）	
	70g
リンゴのソテー	60g
シナモン	少々
タイム、オリーブオイル	各適量

つくりかた

1 フライパンを中火にかけ、オリーブオイルを入れて熱し、ソーセージを入れて全体に焼き色がつくまでしっかり焼く。

※ブラッドソーセージは焼くとさらに黒くなる。芯までしっかり火が入っていることを確認する。

2 バンズを側面から切り込みを入れてひらき、マッシュポテトを塗る。

3 1のソーセージ、リンゴのソテーをのせる。

4 シナモンをふり、タイムを添える。

＊リンゴのソテー
（つくりやすい分量：仕上がり188g）

リンゴ（皮をむいたもの、くし形切り）	200g
バター	15g
砂糖	15g
レモン果汁	6mℓ
ナツメグ、塩	各少々

❶小鍋を弱火にかけ、バターを入れて溶かす。

❷リンゴと塩、砂糖を加え、リンゴが少しやわらかくなるまで10～15分炒める。

❸ナツメグとレモン果汁を加え、なじむまで炒める。

リンゴとマッシュポテトのホットドッグ（P193）

BACON AND RHUBARB JAM DOG
ベーコンとルバーブジャムのホットドッグ

photo：P195

ルバーブはフキに似た茎をもつ野菜で、強い酸味とかすかな渋味、アンズのような香りがある。ルバーブはよく、細かくきざんで砂糖と一緒にくたくたに煮てジャムやパイのフィリングにされる。ここで紹介しているように、形が残る程度に煮たものはまれだ。ルバーブの繊維質をかみしめた時の食感がおもしろいことから、この持ち味を活かし、メインのトッピングにしてみた。ベーコンは、脂を補う意味でも組みあわせているため、できるだけ脂の多いものを使ってほしい。

材料（ホットドッグ1個分）

ホットドッグバンズ（バゲットタイプ） ‥‥‥‥1個
ブラッドソーセージ ‥‥‥‥‥‥‥‥‥‥‥‥‥1本
ベーコン（脂の多いもの） ‥‥‥‥‥‥‥‥‥2枚
ルバーブジャム ‥‥‥‥‥‥‥‥‥‥‥‥‥‥25g
ペカンナッツ（くだいたもの） ‥‥‥‥‥‥‥10g
オリーブオイル ‥‥‥‥‥‥‥‥‥‥‥‥‥‥適量

つくりかた

1 フライパンを中火にかけ、オリーブオイルを入れて熱し、ソーセージを入れて全体に焼き色がつくまでしっかり焼く。
　※ブラッドソーセージは焼くとさらに黒くなる。芯までしっかり火が入っていることを確認する。

2 ソーセージを取り出し、ベーコンを入れて全体に焼き色がつくまで焼く。

3 バンズを側面から切り込みを入れてひらき、**2**のベーコンをのせる。

4 **1**のソーセージとジャムを順にのせ、ペカンナッツをふりかける。

＊ルバーブジャム
（つくりやすい分量：仕上がり60g）

ルバーブ（冷凍、10mm角） ‥‥‥‥‥‥‥‥50g
砂糖 ‥‥‥‥‥‥‥‥‥‥‥‥‥‥‥‥‥‥‥15g

❶ 小鍋を中火にかけ、すべての材料を入れてルバーブの水分と砂糖が混ざりあいながら一体化し、沸騰するまで加熱する。

❷ 弱火にし、ゴムベラでこげないように混ぜながら、ルバーブが少しやわらかくなるまでさらに加熱する。
　※火を入れすぎてペースト状にならないように注意。

KALE SALAD DOG
ケールサラダドッグ

ケールはアブラナ科の葉野菜で、昨今、栄養価が高いことから注目を浴びている。歯応えがあり、風味もしっかりしているので、濃厚なドレッシングと組みあわせても個性が消えることはない。カシューナッツドレッシングはヴィーガンドレッシングでは定番だが、完成度の高さからヴィーガンという枠を越えて多用できるほどおいしい。ちなみに、冬はケールの甘味が強く肉厚になるので、酸味の効いたドレッシングがあい、夏はケールに少し苦味が出てくるため、酸味を少し弱くするとバランスが取れる。

今回はシンプルに、ケールとカシューナッツドレッシングをヴィーガンソーセージに組みあわせている。さまざまなトッピングを加えてもよいが、まずはこのシンプルなホットドッグを試してみてほしい。ケールの力強さとカシューナッツドレッシングの旨味が、ソーセージのおいしさを引き立て、極上の味わいを形づくる。

材料（ホットドッグ1個分）

ホットドッグバンズ（ヴィーガン用）	1個
ヴィーガンソーセージ	1本
カーリーケール	2枚
コラードケール	2枚
カシューナッツドレッシング	30g
黒こしょう（ひきたて）	少々
オリーブオイル	適量

つくりかた

1 ケール2種は、かたい部分を取り除き、コラードケールは大きめに、カーリーケールはひと口大に手でちぎる。ボウルに冷水（材料外、適量）を入れ、ケール2種をパリッとハリが出るまで浸し、水気をきっておく。

2 フライパンを中火にかけ、オリーブオイルを入れて熱し、ソーセージを入れて全体に焼き色がつくまで焼く。

3 バンズを側面から切り込みを入れてひらき、**1**のケール2種をのせる。

4 **2**のソーセージをのせ、カシューナッツドレッシングをかけ、こしょうをふる。

*カシューナッツドレッシング
（つくりやすい分量：仕上がり265g）

カシューナッツ（生）	100g
熱湯	300ml
白ワインビネガー	43ml
水	80ml
レモン果汁	6ml
ケッパー	7g
ガーリックパウダー	1.5g
オニオンパウダー	2g
オリーブオイル	12ml
塩	4g
黒こしょう	少々

❶ ボウルにカシューナッツを入れ、熱湯をかけて15分置いてやわらかくしておく。

❷ 湯をきって容器に入れ、残りの材料を加えてピュレ状になるまでハンドブレンダーにかける。

SPICY CARAMEL BANANA DOG

スパイシーキャラメルバナナドッグ

本書で紹介するヴィーガンソーセージは汎用性が高く、しょっぱいものにも甘いものにもあう。クレープやサンドイッチには甘いジャンルがあるも、ホットドッグではまだまれだ。そこで、デザートになるホットドッグをつくってみた。

バナナは焼くと、甘くエキゾチックな香りが出てくる。それにシナモンとジンジャー、クローブの香りをプラスして焼くことで、甘いながらもスパイスの効いたトッピングに仕上っている。バナナのキャラメル色、甘いココナッツクリームの白、ピンクペッパーの赤が効いた、かわいらしくも華やかなホットドッグだ。ココナッツクリームは熱に溶けやすいので、ソーセージは粗熱が取れてから、バンズは常温で使いたい。

材料（ホットドッグ1個分）

ホットドッグバンズ（ヴィーガン用）	1個
ヴィーガンソーセージ	1本
バナナ	1本
バナナスパイス	0.6g
ココナッツクリーム（冷えたもの）	100㎖
ココナッツシュガー	2g
ココナッツオイル	15㎖
ピンクペッパー（ホール、くだいたもの）	少々
ヘーゼルナッツ（くだいたもの）、オリーブオイル	各適量

つくりかた

1 バナナは縦半分に切り、断面にバナナスパイスをまぶす。

2 フライパンを中火にかけ、ココナッツオイルを入れて熱して溶かす。

3 **2**のフライパンの表面に、ココナッツシュガーを**1**のバナナを置く場所にふりかける。

4 **3**のココナッツシュガーの上に**1**のバナナをのせ、焼き色がつくまで片面だけ焼き、バットに移して粗熱を取る。

5 別のフライパンを中火にかけ、オリーブオイルを入れて熱し、ソーセージを入れて全体に焼き色がつくまで焼く。バットに移し、粗熱を取る。

6 ボウルにココナッツクリームを入れ、ホイッパーでツノが立つまで泡立てる。

7 バンズを側面から切り込みを入れてひらき、**5**のソーセージをはさむ。

8 **6**のクリームを塗り、**4**のバナナを焼いたほうを上にしてのせる。

9 ヘーゼルナッツとピンクペッパーをちらす。

＊バナナスパイス（ホットドッグ1個分：仕上がり8.5g）

シナモン	4g
ジンジャーパウダー	2g
クローヴ	2g
ナツメグ	0.5g

ボウルにすべての材料を入れて混ぜあわせる。

GUACAMOLE CHILI MUSHROOM DOG

ワカモレチリマッシュルームドッグ

ヴィーガンフードを開発する際、だれもが考えるのが、ボリューム感や満足感を得られるようにするにはどうしたらよいかということだろう。その答えをストレートにもたらしてくれるのがキノコだ。キノコは、弾力と歯応えが共存していて、時に肉のような存在感を発揮するだけでなく、グアニル酸という旨味成分であるアミノ酸を主成分としているおかげで、旨味も強い。ピュレにするだけで出汁として使える。
今回のホットドッグはメキシコのタコスを連想させるようなものにしたく、スパイスでマリネしながら焼いたヒラタケをチリソースに見立てて、ワカモレを加えてみた。最後にふりかけるネギもメキシコのスタイルで、現地ではよく見かけるトッピングだ。ヒラタケのチリソースにワカモレがあいまって、食べ応えのあるホットドッグになった。

材料（ホットドッグ1個分）

ホットドッグバンズ（ヴィーガン用）	1個
ヴィーガンソーセージ	1本
チリマッシュルーム	50g
ワカモレ（P115）	50g
青ネギ（斜め切り）、オリーブオイル	各適量

つくりかた

1 フライパンを中火にかけ、オリーブオイルを入れて熱し、ソーセージを入れて全体に焼き色がつくまで焼く。

2 バンズを側面から切り込みを入れてひらき、**1**のソーセージをはさむ。

3 チリマッシュルーム、ワカモレを順にのせ、青ネギをちらす。

*ヒラタケスパイス
（つくりやすい分量：仕上がり41g）

スモークパプリカ	10g
パプリカ	10g
チリパウダー	10g
オニオンパウダー	10g
ジンジャーパウダー	5g
ガーリックパウダー	5g
クローヴ	1g

ボウルにすべての材料を入れて混ぜあわせる。

*チリマッシュルーム
（つくりやすい分量：仕上がり280g）

ヒラタケ（ひと口大）	220g
トマト（さいの目切り）	80g
玉ねぎ（みじん切り）	40g
ベジタブルストック	160ml
ヒラタケスパイス	12g
塩	2g
オリーブオイル	適量

❶ 厚手のフライパンを中火にかけ、オリーブオイルを入れて熱し、ヒラタケと玉ねぎ、塩、ヒラタケスパイス（6g）を入れる。アルミホイルを被せ、上からフライパンよりひとまわり小さい鍋などをのせてヒラタケを押さえつけるようにして、焼き色がつくまで3分ほど焼く。

❷ ヒラタケを裏返し、残りのヒラタケスパイスをふり、同様に焼き色がつくまで3分ほど焼く。

❸ 鍋とアルミホイルをはずし、トマトとベジタブルストックを加え、水分がなくなってとろみがつくまで炒め煮にする。

※できたてもおいしいが、1日寝かすとより味わい深くなる。

CINNAMON APPLE YOGURT DOG
シナモンアップルヨーグルトドッグ

ココナッツヨーグルトは、ココナッツミルクに乳酸菌を加えて発酵させたもの。濃厚なココナッツミルクの香りと発酵由来の心地よい酸味が旨味となって、牛乳など動物性のミルクからつくられたヨーグルトと甲乙つけがたいおいしさだ。濃厚なココナッツミルクは、クリーミーなソースのようにも使える。

リンゴはシンプルにココナッツシュガーでコンポートにしてトッピングしているが、冷たいヨーグルトを使うホットドッグなので、ソーセージともども粗熱を取ってから盛りつけよう。食材それぞれの持ち味を活かしたデザートホットドッグを堪能してみてほしい。

材料 (ホットドッグ1個分)

ホットドッグバンズ (ヴィーガン用) 1個
ヴィーガンソーセージ 1本
リンゴのコンポート 70g
ココナッツヨーグルト 60g
パンプキンシード (くだいたもの)、
クルミ (くだいたもの)、オリーブオイル
.... 各適量

つくりかた

1 フライパンを中火にかけ、オリーブオイルを入れて熱し、ソーセージを入れて全体に焼き色がつくまで焼く。バットに移し、粗熱を取る。

2 バンズを側面から切り込みを入れてひらき、**1** のソーセージをはさむ。

3 ココナッツヨーグルトを全体に広げ、リンゴのコンポートをのせ、パンプキンシードとクルミをちらす。

*リンゴのコンポート
(つくりやすい分量：仕上がり175g)

リンゴ (皮をむいたもの、乱切り)
.... 1個分 (約200g)
ココナッツシュガー 25g
水 100mℓ
レモン果汁 10mℓ
シナモン .... 少々

鍋を中火にかけ、すべての材料を入れ、ゴムベラで時々かき混ぜながら蓋をして10分ほど煮る。

すべては食材選びからはじまる

バンズにソーセージをはさめば、ホットドッグの完成。シンプルな食べ物だからこそ、手づくりするなら食材にもこだわりたい。ここでは各ジャンルのスペシャリストを紹介しよう。

食材を選ぶにあたり、どういうホットドッグをつくるのか、まずはこれが明確になっていなければならない。新鮮さや風味はもちろん、スタイルを左右する見た目も考慮するためには、完成形をイメージしながら食材を選ぶ必要がある。たとえばバンズなら形や厚み、野菜なら色の表れかたや濃淡など、細かな点にも気配りしたい。ち

ょっとした違いが大きな違いを生む。また、いずれも高品質のものが一番だが、深いコクや洗練された風味など、それぞれのよさが、どのホットドッグともマッチするとは限らない。あくまでも目指す完成形にたどり着ける食材がベストだ。

BUNS

グラハムバンズ

熊本に拠点をおく業務用パンの専門店。もともとは地域に愛されるベーカリーショップだったが、近隣の飲食店から相談されてつくった業務用パンが評判を呼び、ホットドッグとハンバーガーのバンズをメインで手がけるように。地元・阿蘇の雄大な自然が恵む水、のびのびと育てられた牛と鶏がもたらす成分無調整牛乳と卵。そして天然塩、九州産バター、イタリア産エクストラバージンオリーブオイル。これらにマッチする九州産小麦に、バンズの種類によってカナダやアメリカの小麦をブレンドしてつくる。食品添加物を最小限にとどめるため、オーダーを受けてからつくりはじめ、焼きたてを急速冷凍して冷凍のまま発送する。実はこれ、衛生管理上の問題だけでなく、受け取る側にとっても大変ありがたいシステム。使いたい時に使いたいだけ使え、フードロスの削減につながる。バンズが消費者の手もとに届くまでの道のりが見据えられているのだ。気になるバンズは、小麦粉の種類、サイズ、色とさまざまにそろう。

Grahambuns
熊本県合志市須屋1930-6
TEL 096-227-7785（9時～17時）
定休日 土曜日、日曜日、祝日
https://grahambuns.com
Email info@grahambuns.com

根津のパン

東京・根津で人気のパン屋。入り口にまるいランプが灯り、古き良き時代の日本を思わせる木造家屋のショップには、連日、多くのパン好きが訪れ、長い列をなしている。国産小麦を自家製酵母で長時間発酵させてつくるパンは、クロワッサン、パン・オ・ショコラ、バゲット、ノワ・レザンなどのフレンチスタイルの定番から、雑穀全粒粉パン、米粉ブレッド、はちみつブレッド、ぶどうパンなどのオリジナル商品まで、ずらりとそろう。いずれも食べるほどに味わい深く、いくらでもおなかに入る。15時ぐらいまでパンを焼き続けているため、訪れるたびにおいしい出会いがある。

根津のパン
東京都文京区根津2-19-11
TEL 03-5834-2883
営業時間 10時～19時（売切れ次第閉店）
定休日 月曜、木曜、不定休日あり
https://twitter.com/nezunopan
https://www.instagram.com/nezunopan/

朝岡スパイス

ホールやリーフなど原形スパイスから、パウダー状のスパイスまで、400点を超える充実のラインナップ。「スパイスの素晴らしさを日本の食卓に」というモットーを掲げる老舗ならではの高いクオリティーで、香りも彩りも、そして形状の美しさも言うことがない。オーガニックにこだわりたい場合も、黒こしょう、クミン、コリアンダー、ナツメグなどがそろう。独自にブレンドしたスパイスやペーストもあり、ホットドッグにあれこれ活用できそうで、レシピを開発する際に試してみたいと考えている。また、家庭やキャンプで子どもや友人と一緒にソーセージづくりを楽しむ際にぴったりの、豚腸や羊腸、ソーセージスパイス、絞り袋、スモークチップなども取り扱っており、オンラインショップで購入可能だ。

朝岡スパイス
TEL 03-5211-6064（平日10時〜16時）
https://www.asaokaspice.co.jp
オンラインショップ https://shop.asaokaspice.co.jp

モンテ物産

モンテ物産は、イタリア食材とワイン、リカーを専門にさまざまなブランドの商品を取り扱っており、イタリア産の上質な品々が手に入る。ホットドッグなのにイタリア？ と思うかもしれないが、オリーブオイルや天然海塩、トマト、そしてひよこ豆などの豆類、ケッパー、オリーブ、チーズなどのおいしさは格別だ。もちろん採れたて野菜などフレッシュな食材からつくるものはおいしいが、イタリア産のこうした食材だって負けていない。事実、チキンブイヨンの実力に度肝を抜かれたことがある。作業時間やコスト面を考えても、こうした上質な食材を使わない手はない。モンテ物産の品々は、東京の直営アンテナショップやオンラインショップで購入できる。

モンテ物産
TEL 0120-348-566（平日9時〜17時30分）
https://www.montebussan.co.jp
オンラインショップ https://www.camonte.com

ランマス

フランスとイタリアを中心に、オーナーがセレクトしたヨーロッパ各地のチーズを80種ほど取り扱うチーズ専門店。現地と同じく、おいしいチーズをおいしいまま食卓に届けるべく、オーダーカットの量り売りで、切り置きは一切していない。おまけに、チーズセラーとショーケースを独自につくり、常に最高の状態がキープされている。店舗のほか、オンラインショップで購入可能で、ワインやハム、季節折々のテーマにあわせたオリジナルセットもあり、チーズを多角的に楽しむのにぴったりのショップでもある。

ランマス
東京都世田谷区下馬2-20-5
TEL 03-6453-2045
営業時間 13時〜19時（平日）、12時〜19時（土曜、日曜、祝日）
定休日 月曜、木曜、祝日の翌日
https://www.lammas.jp

ココノ

南アルプスの北岳の麓、山梨県白州において、ミネラルが豊富な水を使って手づくりされるココナッツミルクのヨーグルトを企画販売している。このヨーグルトには、乳製品はもちろん、防腐剤や砂糖が一切使われていない。また、「体にも地球にもやさしい商品を」という思いから、再利用できるガラス瓶に入っている。濃厚でクリーミーな味わいは、食事系にもデザート系にもさまざまに活用できる。

COCONO　https://www.coconotokyo.com

神楽坂野菜計画

神楽坂野菜計画は、自社農場を所有する農家という一面をもつ八百屋。農場で採れた野菜と各地の農家から届く産地直送の野菜を扱うが、いずれも無農薬栽培または特別栽培のもの。つくり手の想いと食の安心安全を日々届けている。オンラインショップでは、季節のお野菜便りとして箱詰めにされたさまざまな野菜が購入できる。

神楽坂野菜計画
東京都新宿区神楽坂6-50　TEL 03-5579-2094
営業時間 10時〜20時15分　定休日 なし
https://yasaikeikaku.com
オンラインショップ https://www.onlinestoreyasaikeikaku.com

ソーセージ加工機械

大型スタッファーやサイレントカッターなどに興味があるなら、66ページで触れた小野商事へ連絡を。機械のことはもちろん、機械を設置するアトリエの整備もお願いできる。また、ドイツのソーセージ用スパイスと岩塩も取り扱っており、購入も可能だ。とにもかくにもソーセージについての知識が豊富で、的確なアドバイスをもらえる。また、ドイツ食肉連盟主催IFFA日本食肉加工コンテストを開催してもおり、興味のある方はぜひ参加してみてほしい。

小野商事　千葉県市原市ちはら台西1-10-5　TEL 0436-75-2800　http://www.ono-corp.co.jp

恩海洋平

1979年生まれ。2013年より神楽坂のビストロBicoqueでサービススタッフとして勤務。2017年、隈研吾氏が設計し、スノーピークが発売したトレーラーハウスTRAILERのプロジェクトに、シェフ兼サービスマンとして従事。同年、FUJI ROCKにホットドッグ専門店を出店し、8000食を売りあげる。いずれも話題となり、多くの支持を集めた。2019年1月よりビストロ祥瑞のシェフに就任。現在はhotdog.sandwichのポップアップイベントなど多岐にわたり活動。2022年にはドイツ食肉連盟主催IFFA日本食肉加工コンテストにて金賞を受賞するなど、肉の旨味を際立たせる技術に定評がある。

参考文献
『完全理解 フォンとソース』中村勝宏 著、柴田書店
『これからの新しいシャルキュトリー フランス食肉加工品の技術と日本に根づく発想・店づくり』神谷英生 著、スタジオタッククリエイティブ
『ジェリーナのひと皿：GJELINA COOKING FROM VENICE,CALIFORNIA（CHRONICLE BOOKS）』
　トラヴィス・レット著、市前奈美訳、クロニクルブックス・ジャパン
『シャルキュトリー教本 フランスの食文化が生んだ肉加工品の調理技法』荻野伸也 著、誠文堂新光社
『シャルキュトリーの本格技術』吉田英明 著、旭屋出版
『「食」の図書館　ホットドッグの歴史』ブルース・クレイグ著、田口未和訳、原書房
『西洋料理の黄金比』マイケル・ルールマン著、谷水奈子訳、楽工社
『ドイツ・ソーセージをつくる』Bernhard Gahm著、小林武治郎 監修、小林良子訳、MKL日本
『風味の事典』ニキ・セグニット著、曽我佐保子・小松伸子 訳、楽工社
『Cooking for Geeks 第2版 料理の科学と実践レシピ』Jeef Potter著、水原文 訳、オライリージャパン

写真　小宮山裕介（mobiile, inc.）
イラスト　恩海洋平
装丁・デザイン　中山詳子（松本中山事務所）
リサーチ　藤本ショーン
編集　鶴留聖代
協力　UTSUWA、柴田里芽
Special thanks　わだりか（mobiile, inc.）

ソーセージづくり、ホットドッグづくりの基礎（きそ）から
アレンジ、オリジナル創作（そうさく）まで

ホットドッグの発想（はっそう）と組み立（た）て

2023年5月20日　発　行　　　　　　　　　　NDC596

著　　　者　　恩海洋平（おんかいようへい）
発　行　者　　小川雄一
発　行　所　　株式会社 誠文堂新光社
　　　　　　　〒113-0033 東京都文京区本郷 3-3-11
　　　　　　　電話 03-5800-5780
　　　　　　　https://www.seibundo-shinkosha.net/
印刷・製本　　図書印刷 株式会社

©Yohei Onkai. 2023　　　　　　　　　　　　　　　Printed in Japan

ISBN978-4-416-52332-2